ARCHIBALD MAULE RAMSAY

LA GUERRA SENZA NOME
Il potere ebraico contro le nazioni

ARCHIBALD HENRY MAULE RAMSAY
(1894-1955)

A. M. Ramsay era un ufficiale dell'esercito britannico che in seguito entrò in politica come deputato unionista scozzese. Nel 1940, dopo il suo coinvolgimento con una presunta spia nell'ambasciata statunitense, divenne l'unico deputato britannico a essere internato in base al regolamento di difesa 18B.

LA GUERRA SENZA NOME
il potere ebraico contro le nazioni

The Nameless War
Prima edizione, Britons Publishing Company, Londra - 1952

Tradotto e pubblicato da
OMNIA VERITAS LTD
ⓋOMNIA VERITAS®
www.omnia-veritas.com

© Omnia Veritas Limited - 2025

Tutti i diritti riservati. Nessuna parte di questa pubblicazione può essere riprodotta con qualsiasi mezzo senza la previa autorizzazione dell'editore. Il codice della proprietà intellettuale vieta le copie o le riproduzioni per uso collettivo. Qualsiasi rappresentazione o riproduzione totale o parziale con qualsiasi mezzo, senza il consenso dell'editore, è illegale e costituisce una violazione punibile dalle leggi sul copyright.

INDICE

INTRODUZIONE 13
   LA GUERRA SENZA NOME 13

DEDICA 17

PROLOGO 19

LA RIVOLUZIONE BRITANNICA 21

LA RIVOLUZIONE FRANCESE 33

LA RIVOLUZIONE RUSSA 50
   U.S.S.R. 55
   POLONIA 55
   UNGHERIA 55
   ROUMANIA 56
   YUGOSLAVIA 56

SVILUPPO DI TECNICA RIVOLUZIONARIA 58

GERMANIA CAMPANA IL GATTO 64

1933: L'EBRAISMO DICHIARA GUERRA 71

"GUERRA DEL TELEFONO" CONCLUSA DA BOMBARDAMENTI CIVILI 81

DUNKIRK E DOPO 86

LA FORMA DELLE COSE CHE VERRANNO 90

IL RUOLO DEL PRESIDENTE ROOSEVELT 94

REGOLAMENTO 18B 100

CHI OSA? 106

EPILOGO 111

DICHIARAZIONE 116
   Dichiarazione del capitano Ramsay dalla prigione di Brixton al Presidente della Camera e ai membri del Parlamento in merito alla sua detenzione ai sensi del paragrafo 18B del Regolamento della Difesa. 116
   FASE I 117
   FASE II 117

PARTICOLARI ADDOTTI COME MOTIVI DELLA MIA DETENZIONE 131
PARTICOLARI 132
CONCLUSIONE 141
GLI STATUTI DELL'EBRAISMO 143
Gli statuti dell'ebraismo 143
GLI EBREI IN GRAN BRETAGNA 147
UOMINI FAMOSI SUGLI EBREI 149
COPIA DELL'OPUSCOLO DISEGNATO DALL'AUTORE DOPO L'ACCORDO DI MONACO 152
Libro bianco tedesco sull'ultima fase della crisi tedesco-polacca 154
L'ultima fase della crisi tedesco-polacca 160
GIÀ PUBBLICATO 171

Il Capitano Archibald Maule Ramsay è stato educato a Eton e al Royal Military College, Sandhurst, e ha prestato servizio con il 2 Battaglione Coldstream Guards nella Prima Guerra Mondiale fino a quando non è stato gravemente ferito nel 1916 - quindi presso il Quartier Generale del Reggimento, il War Office e la Missione di Guerra britannica a Parigi fino alla fine della guerra.

Dal 1920 divenne membro della Guardia del Corpo di S.M. scozzese. Nel 1931 fu eletto deputato per il Midlothian e il Peeblesshire.

Arrestato ai sensi del Regolamento 18b il 23 maggio 1940, fu detenuto, senza accuse né processo, in una cella della prigione di Brixton fino al 26 settembre 1944. La mattina seguente riprese il suo posto alla Camera dei Comuni e vi rimase fino alla fine del Parlamento nel 1945.

INTRODUZIONE

LA GUERRA SENZA NOME

Ecco la storia che si diceva non sarebbe mai stata scritta nel nostro tempo: la vera storia degli eventi che portarono alla Seconda guerra mondiale, raccontata da chi godette dell'amicizia e della fiducia di Neville Chamberlain durante i mesi critici tra Monaco e il settembre 1939.

Da tempo esiste un divieto non ufficiale sui libri che trattano di quella che il capitano Ramsay chiama "la guerra senza nome", il conflitto che per secoli si è svolto dietro la scena politica, che è ancora in corso e di cui pochi sono a conoscenza.

Gli editori di "The Nameless War" credono che quest'ultima esposizione farà di più di qualsiasi altro tentativo precedente per rompere la cospirazione del silenzio.

Il presente lavoro, con molte prove aggiuntive e uno sfondo storico più completo, è il risultato delle esperienze personali di un personaggio pubblico che nel corso del suo lavoro ha scoperto in prima persona l'esistenza di una cospirazione secolare contro la Gran Bretagna, l'Europa e l'intera cristianità.

"La guerra senza nome" rivela un legame insospettato tra tutte le principali rivoluzioni in Europa, dall'epoca di re Carlo I al tentativo abortito contro la Spagna nel 1936. Si dimostra che una fonte di ispirazione, progettazione e fornitura è comune a tutte. Queste rivoluzioni e la guerra mondiale del 1939 sono viste come parti integranti di uno stesso piano generale.

Dopo una breve rassegna delle forze che hanno portato alla dichiarazione di guerra e all'arresto in tutto il mondo di molti di coloro che hanno cercato di opporsi, l'autore descrive l'anatomia della macchina dell'Internazionale Rivoluzionaria - la macchina che oggi porta avanti il progetto di un potere mondiale sovranazionale, il secolare sogno messianico dell'ebraismo internazionale.

L'autore è convinto che la macchina si romperebbe senza il sostegno degli ebrei riluttanti e dei gentili ignari e propone suggerimenti per staccare questi elementi.

I cristiani dicono:

> "Il capitano Ramsay, un gentiluomo cristiano dal coraggio inflessibile, riteneva che la guerra con la Germania non fosse concepita nell'interesse della Gran Bretagna e che potesse portare solo all'estensione del potere comunista ed ebraico. Per aver avvertito i suoi connazionali delle forze in gioco, fu messo in prigione senza processo per quattro anni e mezzo, per 'ragioni' così assurde che coloro che le avevano formulate non osavano sottoporle a un tribunale".

La verità

> "Per anni il capitano Ramsay è stato membro del Parlamento britannico. Il suo libro è un'analisi della guerra ebraico-sionista contro la civiltà cristiana".

La croce e la bandiera

Gli ebrei dicono:

> "Non c'è limite agli abissi della depravazione umana; il capitano Maule Ramsay sembra aver fatto un tentativo molto determinato di scandagliare questi abissi".

Cronaca ebraica

"La pubblicazione di un libro del genere, in questo momento, sottolinea l'urgente necessità di riformare la legge in modo da rendere reato la predicazione dell'odio razziale o la pubblicazione di diffamazioni su gruppi della comunità".

Il Lavoratore quotidiano

DEDICA

Alla memoria di quei patrioti che nel 1215 a Runnymede firmarono la Magna Carta e di quelli che nel 1320 ad Arbroath firmarono la Dichiarazione di Indipendenza è dedicato questo libro.

27 luglio 1952

PROLOGO

Edoardo I bandì gli ebrei dall'Inghilterra per molti gravi reati che mettevano a repentaglio il benessere del suo regno e dei suoi sudditi, in gran parte indicati negli Statuti dell'Ebraismo[1], promulgati dal suo Parlamento nel 1290, in cui i Comuni svolsero un ruolo di primo piano.

Il re di Francia seguì molto presto l'esempio, così come altri governanti dell'Europa cristiana. La situazione per gli ebrei in Europa divenne così grave che essi rivolsero un urgente appello di aiuto e di consiglio al Sinedrio, allora situato a Costantinopoli.

L'appello fu inviato a firma di Chemor, rabbino di Arles in Provenza, il 13 gennaio 1489. La risposta arrivò nel novembre 1489, a firma di V.S.S. V.F.F. Principe degli Ebrei.

Consigliava agli ebrei d'Europa di adottare la tattica del Cavallo di Troia; di far diventare i loro figli sacerdoti, avvocati, medici, ecc. cristiani e di lavorare per distruggere la struttura cristiana dall'interno.

La prima ripercussione degna di nota di questo consiglio si verificò in Spagna sotto il regno di Ferdinando e Isabella. Molti ebrei si erano ormai arruolati come cristiani, ma rimanendo segretamente ebrei lavoravano per distruggere la Chiesa cristiana in Spagna.

---

[1] Si veda l'Appendice 2 (le Appendici seguono l'ultimo capitolo).

La minaccia divenne infine così grave che fu istituita l'Inquisizione nel tentativo di ripulire il Paese da questi cospiratori. Ancora una volta gli ebrei furono costretti a iniziare un esodo da un altro Paese, di cui avevano abusato dell'ospitalità.

Camminando verso est, questi ebrei si unirono ad altre comunità ebraiche dell'Europa occidentale; un numero considerevole di persone si riversò in Olanda e in Svizzera.

D'ora in poi questi due Paesi sarebbero diventati centri attivi dell'intrigo ebraico. L'ebraismo, tuttavia, ha sempre avuto bisogno di una potente nazione marinara a cui legarsi.

La Gran Bretagna, appena unita sotto Giacomo I, era una potenza navale in ascesa, che stava già iniziando a influenzare i quattro angoli del mondo scoperto. Anche qui esisteva un campo meraviglioso per una critica dirompente; infatti, pur essendo un regno cristiano, era diviso in modo molto netto tra protestanti e cattolici.

Una campagna per sfruttare questa divisione e fomentare l'odio tra le comunità cristiane fu presto organizzata. Quanto gli ebrei siano riusciti in questa campagna in Gran Bretagna può essere giudicato dal fatto che uno dei primi atti della loro creatura e assoldato Oliver Cromwell - dopo aver giustiziato il re secondo i piani - fu quello di consentire nuovamente agli ebrei il libero accesso all'Inghilterra.

LA RIVOLUZIONE BRITANNICA

"Era destino che l'Inghilterra fosse la prima di una serie di rivoluzioni che non è ancora terminata".

Con queste parole criptiche Isaac Disraeli, padre di Benjamin conte di Beaconsfield, iniziava la sua vita di Carlo I in due volumi, pubblicata nel 1851. Un'opera di sorprendente dettaglio e approfondimento, per la quale, afferma, molte informazioni furono ottenute dai documenti di un certo Melchior de Salom, inviato francese in Inghilterra in quel periodo.

La scena si apre con scorci lontani del Regno Britannico basato sul Cristianesimo e sulle sue antiche tradizioni; queste sanzioni legano Monarchia, Chiesa, Stato, nobili e popolo in un solenne vincolo da un lato; dall'altro, i minacciosi rumori del Calvinismo.

Calvino, giunto a Ginevra dalla Francia, dove il suo nome era scritto Cauin[2], forse un tentativo francese di scrivere Cohen, organizzò un gran numero di oratori rivoluzionari, non pochi dei quali furono inflitti all'Inghilterra e alla Scozia. In questo modo furono gettate le basi per la rivoluzione sotto il manto del fervore religioso.

Su entrambe le sponde del Tweed, questi demagoghi hanno

---

[2] In occasione di una riunione del B'nai B'rith a Parigi, riportata dalla "Catholic Gazette" nel febbraio 1936, fu dichiarato di origine ebraica.

contratto tutta la religione nella rigida osservanza del "Sabbath". Per usare le parole di Isaac Disraeli:

> "La nazione fu divisa ad arte in sabbatariani e infrattori del sabato". "Calvino riteneva che il sabato fosse un'ordinanza ebraica, limitata al popolo sacro".

Continua dicendo che quando questi calvinisti avevano in pugno il paese:

> "Sembrava che la religione consistesse principalmente nel rigore sabbatico e che il senato britannico fosse stato trasformato in una compagnia di rabbini ebrei".

E più tardi:

> "Nel 1650, dopo l'esecuzione del re, fu approvata una legge che infliggeva pene per la violazione del sabato".

Buckingham, Strafford e Laud sono le tre figure principali che circondano il Re in queste prime fasi: Uomini sulla cui lealtà verso se stesso, la nazione e l'antica tradizione Carlo può contare.

Buckingham, amico fidato di re Giacomo I e di coloro che gli avevano salvato la vita all'epoca della Congiura di Gowrie (dalle inquietanti associazioni cabalistiche), fu assassinato nei primi anni del regno di re Carlo in circostanze misteriose.

Strafford, che nei primi tempi era stato incline a seguire la fazione opposta, in seguito li abbandonò e divenne un convinto e devoto sostenitore del Re.

Questa fazione di opposizione divenne sempre più ostile a Carlo e, quando fu guidata da Pym, decise di mettere sotto accusa Strafford. "Il re", scrive Disraeli, "considerava questa fazione come sua nemica"; e afferma che il capo di questa fazione era il conte di Bedford.

Walsh, eminente storico cattolico, afferma che un mercante di vino ebreo di nome Roussel fu il fondatore di questa famiglia in epoca Tudor. Con l'impeachment e l'esecuzione di Strafford, i poteri dietro la nascente cospirazione calvinista, o Cohenist, cominciarono a rivelarsi e il loro obiettivo, la City di Londra.

In quel momento cominciarono improvvisamente ad apparire dalla città folle armate di "Operativi" (l'equivalente medievale di "lavoratori", senza dubbio). Permettetemi di citare Disraeli:

> "Si dice che fossero diecimila ... con armi da guerra. Si trattava di una milizia per l'insurrezione in tutte le stagioni, e si poteva contare su di essa per qualsiasi opera di distruzione al prezzo più basso... Poiché questi si presentavano con pugnali e randelli (dalla città), la deduzione è ovvia: questo treno di esplosione doveva essere stato preparato da tempo".

E' proprio così; e dobbiamo ricordare che a quel tempo Strafford non era ancora stato eseguito e la guerra civile non era nella mente di nessuno, se non di coloro che stavano dietro le quinte e che evidentemente l'avevano già decisa e pianificata da tempo.

Queste folle armate di "lavoratori" intimidirono tutto e tutti, comprese entrambe le Camere del Parlamento e il Palazzo nei momenti critici, esattamente sul modello utilizzato più tardi dalle "Bande Sacre" e dai "Marsigliesi" nella Rivoluzione francese.

Isaac Disraeli fa ripetuti e sorprendenti parallelismi con la Rivoluzione francese; in particolare nei suoi passaggi sulla **stampa, "non più sotto controllo"**, e sul diluvio di pamphlet e volantini rivoluzionari. Scrive:

> "Dal 1640 al 1660, sembra che ne siano stati avviati circa 30.000".

E più tardi:

> "La collezione di pamphlet rivoluzionari francesi si trova ora accanto ai trattati francesi dell'epoca di Carlo I, altrettanto abbondanti nel numero e feroci nella passione... Chi, dietro il sipario, ha suonato le corde... potrebbe pubblicare un elenco corretto di 59 popolani, bollandoli con l'odioso titolo di 'Straffordiani' o traditori della patria".

Di chi è la mano? Ma Disraeli, che sapeva così tanto, ora stende discretamente un velo su quella cortina di ferro; e spetta a noi completare la rivelazione.

Per farlo dobbiamo rivolgerci ad altre opere come l'Enciclopedia ebraica, l'opera di Sombart, Gli ebrei e il capitalismo moderno, e altre ancora. Da queste si apprende che Cromwell, la figura principale della rivoluzione, era in stretto contatto con i potenti finanziatori ebrei in Olanda; e infatti riceveva ingenti somme di denaro da Manasseh Ben Israel; mentre Fernandez Carvajal, "Il Grande Ebreo", come veniva chiamato, era il principale appaltatore del New Model Army.

In *The Jews in England* leggiamo:

> "Il 1643 portò in Inghilterra un grande contingente di ebrei, il cui punto di raccolta fu la casa dell'ambasciatore portoghese De Souza, un marrano (ebreo segreto). Tra loro spiccava Fernandez Carvajal, grande finanziere e appaltatore dell'esercito".

Nel gennaio dell'anno precedente, il tentativo di arresto dei cinque membri aveva messo in moto violento le bande armate di "Operativi" già citate, provenienti dalla città. In questa occasione furono diffusi opuscoli rivoluzionari, come racconta Disraeli:

> "Portando l'inquietante grido insurrezionale di 'Alle tue

tende, o Israele'".

Poco dopo il Re e la Famiglia Reale lasciarono il Palazzo di Whitehall.

I cinque membri, accompagnati da folle armate e striscioni, fecero un ritorno trionfale a Westminster. La scena era ormai pronta per l'avvento di Carvajal e dei suoi ebrei e per l'ascesa della loro creatura Cromwell.

La scena ora cambia. La guerra civile ha fatto il suo corso. L'anno è il 1647: Naseby è stata vinta e persa. Il Re è praticamente prigioniero, ma viene trattato come un ospite d'onore a Holmby House.

Secondo una lettera pubblicata su *Plain English* (rivista settimanale pubblicata dalla North British Publishing Co. e curata dal defunto Lord Alfred Douglas) il 3 settembre 1921:

> "Gli Anziani Imparati esistono da molto più tempo di quanto forse non si sospetti. Il mio amico L. D. van Valckert, di Amsterdam, mi ha recentemente inviato una lettera contenente due estratti della Sinagoga di Mulheim. Il volume in cui sono contenuti è andato perduto durante le guerre napoleoniche ed è entrato recentemente in possesso del signor van Valckert. È scritto in tedesco e contiene estratti di lettere inviate e ricevute dalle autorità della Sinagoga di Mulheim. La prima annotazione che mi invia riguarda una lettera ricevuta:
>
> *16 giugno 1647*
>
> *Da O.C. (cioè Oliver Cromwell), di Ebenezer Pratt.*
>
> *In cambio di un sostegno finanziario, si farà promotore dell'ammissione degli ebrei in Inghilterra: Questo però è impossibile finché Carlo è in vita.*

> *Carlo non può essere giustiziato senza un processo, per il quale al momento non esistono motivi adeguati. Consigliamo quindi che Carlo venga assassinato, ma non avremo nulla a che fare con gli accordi per procurare un assassino, pur essendo disposti ad aiutarlo a fuggire.*

In risposta è stato inviato quanto segue:

12 luglio 1647

A O.C. da E. Pratt.

> *Concederà aiuti finanziari non appena Carlo sarà rimosso e gli ebrei saranno ammessi. L'assassinio è troppo pericoloso. A Carlo sarà data l'opportunità di fuggire: la sua ricattura renderà possibile il processo e l'esecuzione. Il sostegno sarà liberale, ma è inutile discutere i termini fino all'inizio del processo.*

Con queste informazioni ora a nostra disposizione, le mosse successive dei regicidi emergono con una nuova chiarezza. Il 4 giugno 1647, Cornet Joyce, su ordine segreto di Cromwell stesso e, secondo Disraeli, sconosciuto persino al generale in capo Fairfax, scese a Holmby House con 500 soldati rivoluzionari scelti e si impadronì del Re. Secondo Disraeli:

> "Il piano fu concordato il 30 maggio in una riunione segreta tenutasi a casa di Cromwell, anche se in seguito Cromwell finse che era senza il suo consenso".

Questa mossa coincise con un improvviso sviluppo nell'esercito: l'ascesa dei "livellatori" e dei "razionalisti". Le loro dottrine erano quelle dei rivoluzionari francesi; di fatto, ciò che oggi conosciamo come comunismo. Questi erano i regicidi, che per quattro volte "epurarono" il Parlamento, finché non ne rimasero 50 membri, anch'essi comunisti, noti in seguito come la "Tromba".

Torniamo alla lettera della Sinagoga di Mulheim del 12 giugno 1647 e al suo astuto suggerimento di usare il tentativo di fuga come pretesto per l'esecuzione. Proprio questo evento ebbe luogo, il 12 novembre di quell'anno. Hollis e Ludlow considerano la fuga come uno stratagemma di Cromwell. Isaac Disraeli afferma che:

> "Gli storici contemporanei hanno deciso che il re, dal giorno della sua deportazione da Holmby fino alla sua fuga nell'isola di Wight, fu sempre un inganno di Cromwell".

Non rimane molto altro da dire. Cromwell aveva eseguito gli ordini della Sinagoga e ora non restava che inscenare il processo farsa.

Le manovre per la posizione continuarono per qualche tempo. E divenne evidente che la Camera dei Comuni, anche nella sua condizione di parziale "epurazione", era favorevole a trovare un accordo con il Re. Il 5 dicembre 1648, la Camera si riunì tutta la notte e alla fine approvò la questione: "Che le concessioni del Re erano soddisfacenti per un accordo".

Se tale accordo fosse stato raggiunto, ovviamente, Cromwell non avrebbe ricevuto le grandi somme di denaro che sperava di ottenere dagli ebrei. Colpì di nuovo. La notte del 6 dicembre, il colonnello Pryde, su sua istruzione, eseguì l'ultima e più famosa "epurazione" della Camera dei Comuni, nota come "Epurazione di Pryde".

Il 4 gennaio, il residuo comunista di 50 membri, il Rump, si è investito della "suprema autorità".

Il 9 gennaio fu proclamata "un'Alta Corte di Giustizia" per processare il Re. Due terzi dei suoi membri erano livellatori dell'esercito. Algernon Sidney avvertì Cromwell: "Primo, il Re non può essere processato da nessun tribunale. Secondo, nessun uomo può essere processato da questa corte".

Così scrive Hugh Ross Williamson nel suo *Charles and Cromwell*; e aggiunge un tocco finale: "Non si riuscì a trovare un avvocato inglese per redigere l'accusa, che alla fine fu affidata a uno straniero accomodante, Isaac Dorislaus".

Inutile dire che Isaac Dorislaus era esattamente lo stesso tipo di alieno di Carvajal e Manasseh Ben Israel e degli altri finanziatori che pagarono al "Protettore" il suo denaro sporco.

Gli ebrei furono nuovamente autorizzati a sbarcare liberamente in Inghilterra nonostante le forti proteste della sottocommissione del Consiglio di Stato, che dichiarò che avrebbero costituito una grave minaccia per lo Stato e la religione cristiana. Forse è grazie alle loro proteste che l'atto di bando vero e proprio non è mai stato abrogato fino ad oggi.

> "La Rivoluzione inglese sotto Carlo I fu diversa da qualsiasi altra precedente... Da quell'epoca e da quell'evento contempliamo nella nostra storia le fasi della rivoluzione".
>
> Isaac Disraeli

Ne seguirono molti altri su linee simili, in particolare in Francia.

Nel 1897 un altro importante indizio di questi misteriosi avvenimenti cadde nelle mani dei Gentili sotto forma dei *Protocolli degli Anziani di Sion*. In quel documento leggiamo questa frase straordinaria:

> *"Ricordate la Rivoluzione francese, i segreti della sua preparazione ci sono ben noti perché è stata interamente opera delle nostre mani"*. [Protocollo n.3]

Gli anziani avrebbero potuto rendere il passaggio ancora più completo e scrivere: "Ricordate le rivoluzioni britannica e francese, i cui segreti ci sono ben noti perché sono state interamente opera delle nostre mani".

Il difficile problema della sottomissione di entrambi i regni era tuttavia ancora irrisolto. La Scozia era realista prima di ogni altra cosa e aveva proclamato re Carlo II. Gli eserciti di Cromwell marciavano intorno alla Scozia, aiutati dai loro simpatizzanti ginevrini, dispensando barbarie giudaiche; ma la Scozia chiamava ancora Carlo II Re. Inoltre, egli accettò la forma presbiteriana di cristianesimo per la Scozia; e lentamente ma costantemente il sentimento in Inghilterra cominciò ad avvicinarsi al punto di vista scozzese.

Infine, alla morte di Cromwell, tutta la Gran Bretagna accolse con favore la restaurazione del re sul trono d'Inghilterra.

Nel 1660 Carlo II tornò; ma c'era un'importante differenza tra il Regno da cui era fuggito da ragazzo e quello in cui tornò come Re. I nemici della regalità erano ormai radicati all'interno del suo regno e, non appena si fosse creata la possibilità di rinnovare la propaganda contro il papato e quindi di dividere ancora una volta le persone che si consideravano tutte parte della Chiesa di Cristo, si sarebbe sviluppato il prossimo attacco.

L'attacco successivo avrebbe mirato a mettere il controllo delle finanze di entrambi i regni nelle mani degli ebrei, ormai saldamente insediati al loro interno.

Carlo non aveva evidentemente coscienza del problema o dei piani ebraici, né della minaccia che essi rappresentavano per i suoi popoli. La saggezza e l'esperienza di Edoardo I si erano perse nei secoli di segregazione dal virus ebraico. Conservava però la consapevolezza del pericolo per la Corona di mettere i suoi nemici in possesso dell'arma del "complotto papale".

Con l'adesione di Giacomo II, la crisi non poteva essere rimandata a lungo. La propaganda e il pamphleting più spregiudicati si scatenarono presto contro di lui e non sorprende scoprire che molti dei pamphlet più vili furono stampati proprio in Olanda. Questo Paese era ormai apertamente il fulcro di tutti gli scontenti e in quegli anni si verificò un notevole andirivieni di persone.

Al Re furono portate storie secondo le quali il suo stesso cognato si era unito a coloro che tramavano contro di lui; ma egli si rifiutò assolutamente di dar loro credito o di prendere qualsiasi iniziativa finché non giunse la notizia che la spedizione contro di lui era effettivamente in corso.

La figura principale tra coloro che abbandonarono Giacomo in quel momento cruciale fu John Churchill, primo Duca di Marlborough. È interessante leggere nell'Enciclopedia Ebraica che questo duca ricevette per molti anni non meno di 6.000 sterline all'anno dall'ebreo olandese Solomon Medina.

Il vero obiettivo della "Gloriosa Rivoluzione" fu raggiunto pochi anni dopo, nel 1694, quando fu dato il consenso reale alla creazione della "Banca d'Inghilterra" e all'istituzione del debito nazionale.

Questa carta consegnava a un comitato anonimo la prerogativa reale di battere moneta; **convertiva la base della ricchezza in oro**; e permetteva ai prestatori di denaro internazionali di garantire i loro prestiti sulle tasse del paese, invece che sulla dubbia impresa di qualche sovrano o potentato, che era l'unica garanzia che potevano ottenere in precedenza.

Da quel momento si mise in moto un meccanismo economico che alla fine ridusse tutta la ricchezza ai **termini fittizi dell'oro che gli ebrei controllano**, e prosciugò la linfa vitale della terra, la vera ricchezza che era il diritto di nascita dei popoli britannici.³

L'unione politica ed economica dell'Inghilterra e della Scozia fu poco dopo imposta alla Scozia con una corruzione totale e in barba alle proteste formali di ogni contea e borough. Gli obiettivi principali dell'Unione erano di sopprimere la Zecca Reale in Scozia e di imporre anche a lei la responsabilità del "debito nazionale".

La morsa degli usurai era ormai completa in tutta la Gran Bretagna. Il pericolo era che i membri del nuovo Parlamento congiunto prima o poi, nello spirito dei loro antenati, sfidassero questo stato di cose. Per evitare che ciò accadesse, quindi, fu creato il **sistema dei partiti**, che frustrava la vera reazione nazionale e consentiva ai tiratori di fili di dividere e governare, usando il loro potere finanziario appena stabilito per garantire che i propri uomini e le proprie politiche si assicurassero le luci della ribalta e un sostegno sufficiente dai loro giornali, pamphlet e conti bancari per avere la meglio.

L'oro divenne presto la base dei prestiti, dieci volte superiori alla somma depositata. In altre parole, 100 sterline d'oro sarebbero state la garanzia legale per 1.000 sterline di prestito; al 3%, quindi, 100 sterline d'oro avrebbero potuto fruttare 30 sterline d'interesse all'anno, senza che il prestatore dovesse preoccuparsi di altro se non della tenuta di alcune scritture contabili.

Il proprietario di 100 libbre di terra, tuttavia, deve ancora lavorare ogni ora del giorno per guadagnare forse il 4%. La fine del processo deve essere solo una questione di tempo. Gli usurai devono diventare milionari; chi possiede e lavora la

---

³ Il sistema economico di maggior successo della Germania NON era sostenuto dall'oro. Ha eluso la morsa succhiasangue dei padroni del denaro ebrei sionisti, quindi "la Germania deve essere distrutta!" e Adolf Hitler diffamato nei secoli, in modo che i disinformati chiedano al loro governo di tornare al gold standard.

terra, l'inglese e lo scozzese, deve essere rovinato. Il processo è continuato inesorabilmente fino ad oggi, quando è quasi completato.

È stato ipocritamente camuffato da un'abile propaganda come un aiuto ai poveri attraverso la multificazione dei ricchi. In realtà non è stato nulla di tutto ciò. Si è trattato soprattutto della deliberata rovina delle classi terriere, leader tra i gentili, e della loro sostituzione con i finanzieri ebrei e i loro tirapiedi.

LA RIVOLUZIONE FRANCESE

La Rivoluzione francese del 1789 fu l'evento più sconvolgente nella storia dell'Europa dopo la caduta di Roma.

Un fenomeno nuovo apparve allora al mondo. Mai prima d'ora una folla aveva apparentemente organizzato una rivoluzione di successo contro tutte le altre classi dello Stato, con slogan altisonanti, ma del tutto insensati, e con metodi che non recano traccia dei principi sanciti da quegli slogan.

Mai prima d'ora una sezione di una nazione aveva conquistato tutte le altre sezioni; e ancor meno aveva spazzato via ogni caratteristica della vita e della tradizione nazionale, dal re, alla religione, ai nobili, al clero, alla costituzione, alla bandiera, al calendario, ai nomi dei luoghi, alla moneta.

Un fenomeno del genere merita la massima attenzione, soprattutto se si considera che è stato seguito da focolai identici in molti Paesi.

La principale scoperta che tale esame rivelerà è questo fatto:

La rivoluzione non fu opera di francesi per migliorare la Francia. È stata opera di stranieri, il cui obiettivo era distruggere tutto ciò che era stato la Francia.

Questa conclusione è confermata dai riferimenti agli "stranieri" nelle alte sfere dei Consigli rivoluzionari, non solo da Sir Walter Scott, ma anche dallo stesso Robes Pierre.

Abbiamo i nomi di molti di loro, ed è chiaro che non erano britannici, né tedeschi, né italiani, né altri cittadini; erano, ovviamente, ebrei.

Vediamo cosa hanno da dire gli stessi ebrei al riguardo:

> *"Ricordate la Rivoluzione francese, alla quale siamo stati noi a dare il nome di "Grande". I segreti della sua preparazione ci sono ben noti, perché è stata interamente opera delle nostre mani".*

Protocolli di Sion n. 7.

> *Siamo stati i primi a gridare tra le masse del popolo le parole "Libertà, Uguaglianza, Fraternità". Gli stupidi pappagalli da sondaggio dei Gentili si sono buttati da tutte le parti su queste esche, e con loro hanno portato via il benessere del mondo. Gli aspiranti saggi dei Gentili erano così stupidi da non riuscire a vedere che in natura non c'è uguaglianza e non può esserci libertà (intendendo, ovviamente, la libertà come intesa dai socialisti e dai comunisti, la libertà di distruggere il proprio Paese)".*

Protocolli di Sion-No. 1.

Con questa conoscenza ci accorgeremo di possedere una chiave principale per gli intricati avvenimenti della Rivoluzione francese. L'immagine un po' confusa di personaggi ed eventi che si muovono sullo schermo, che i nostri libri di storia ci hanno mostrato, diventerà improvvisamente un dramma umano concertato e collegato.

Quando inizieremo a tracciare paralleli tra la Francia del 1789, la Gran Bretagna del 1640, la Russia del 1917, la Germania e l'Ungheria del 1918-19 e la Spagna del 1936, sentiremo che il dramma ci attanaglia con un nuovo e personale senso della realtà.

"La rivoluzione è un colpo inferto a un paralitico".

Anche in questo caso, tuttavia, è evidente che per una preparazione di successo sono necessarie un'organizzazione immensa e vaste risorse, nonché un'astuzia e una segretezza di gran lunga superiori all'ordinario.

È davvero sorprendente che si pensi che le "folle" o il "popolo" abbiano mai intrapreso, o possano mai farlo, un'operazione così complicata e costosa. Nessun errore, inoltre, potrebbe essere più pericoloso, perché si tradurrà nella totale incapacità di riconoscere il vero significato degli eventi, o la fonte e il fulcro di un movimento rivoluzionario.

Il processo o la rivoluzione organizzativa si manifesta in **primo luogo con l'inflizione della paralisi e, in secondo luogo, con l'esecuzione del colpo o dei colpi.** È per il primo processo, la produzione di paralisi, che la segretezza è essenziale. I suoi segni esteriori sono l'indebitamento, la perdita del controllo della pubblicità e l'**esistenza di organizzazioni segrete influenzate da stranieri nello Stato condannato.**

Il debito, in particolare il debito internazionale, **è la prima e più potente morsa**. Attraverso di esso vengono subornati uomini di alto rango e vengono introdotti nel corpo politico poteri e influenze estranei. Quando la morsa del debito è stata saldamente stabilita, segue presto il controllo di ogni forma di pubblicità e di attività politica, insieme a una presa totale sugli industriali.

La scena per il colpo rivoluzionario è quindi pronta. La presa della mano destra della finanza ha stabilito la paralisi, mentre è la sinistra rivoluzionaria a impugnare il pugnale e a sferrare il colpo mortale. La corruzione morale facilita l'intero processo.

Nel 1780 la paralisi finanziaria stava facendo la sua comparsa in Francia. I grandi finanzieri del mondo erano ormai consolidati.

> "Possedevano una quota così grande delle scorte d'oro e d'argento del mondo, che avevano la maggior parte dell'Europa in debito, certamente la Francia".

Così scrive McNair Wilson nella sua *Vita di Napoleone*, e prosegue a pagina 38:

> "Nella struttura economica dell'Europa si era verificato un cambiamento di tipo fondamentale, per cui la vecchia base aveva cessato di essere la ricchezza ed era diventata il debito. Nella vecchia Europa la ricchezza era stata misurata in terre, raccolti, mandrie e minerali; ma ora era stato introdotto un nuovo standard, cioè una forma di denaro a cui era stato dato il titolo di 'credito'".

I debiti del Regno di Francia, per quanto consistenti, non erano affatto insormontabili, se non in termini di oro: e se i consiglieri del Re avessero deciso di emettere moneta a garanzia delle terre e delle ricchezze reali della Francia, la situazione si sarebbe potuta raddrizzare abbastanza facilmente. Invece la situazione era saldamente in mano a un finanziere dopo l'altro, che non poteva o non voleva rompere con il sistema imposto dagli usurai internazionali.

Sotto tale debolezza, o scelleratezza, i vincoli dell'usura non potevano che diventare più pesanti e terribili, poiché i debiti erano in termini di oro o argento, nessuno dei quali prodotto dalla Francia.

E chi erano i potentati della nuova macchina del debito, questi manipolatori dell'oro e dell'argento che erano riusciti a capovolgere le finanze dell'Europa e a sostituire la ricchezza reale con milioni e milioni di prestiti usurari?

La defunta Lady Queensborough, nella sua importante opera

Occult Theocracy, ci fornisce alcuni nomi di spicco, prendendo spunto da *L'Anti-Semitisme* dell'ebreo Bernard Lazare, 1894.

A Londra fa i nomi di Benjamin Goldsmid e di suo fratello Abraham Goldsmid, di Moses Mocatta, loro socio, e di suo nipote Sir Moses Montifiore, direttamente coinvolti nel finanziamento della Rivoluzione francese, insieme a Daniel Itsig di Berlino e a suo genero David Friedlander, e a Herz Cerfbeer di Alsazia. Questi nomi richiamano i *Protocolli di Sion*, e tornando al numero 20 si legge:

> "Il gold standard è stato la rovina degli Stati che lo hanno adottato, perché non è stato in grado di soddisfare la domanda di denaro, tanto più che abbiamo eliminato il più possibile l'oro dalla circolazione".

E ancora:

> "I prestiti pendono come una spada di Damocle sulla testa dei governanti che vengono a chiedere l'elemosina a palmo aperto".

Nessuna parola potrebbe descrivere in modo più appropriato quello che stava accadendo in Francia. Sir Walter Scott nella sua *Vita di Napoleone*, Vol. 1, descrive così la situazione:

> "Questi finanzieri usavano il governo come i prodighi in bancarotta sono trattati dagli usurai, che con una mano alimentano la loro stravaganza e con l'altra strappano alle loro fortune in rovina i compensi più irragionevoli per le loro anticipazioni. Con la lunga successione di questi prestiti rovinosi e dei vari diritti concessi per garantirli, l'intera finanza francese è stata portata alla confusione più totale".

Il principale ministro delle finanze di Re Luigi durante questi ultimi anni di crescente confusione fu Necker, "uno svizzero" di origine tedesca, figlio di un professore tedesco di cui scrive McNair Wilson:

> "Necker era entrato a forza nella Tesoreria del Re come rappresentante del sistema del debito che possedeva fedeltà a quel sistema".

Possiamo facilmente immaginare quale politica ispirasse a Necker questa fedeltà; e se a questo aggiungiamo che i suoi precedenti erano quelli di uno speculatore audace e senza scrupoli, possiamo capire perché le finanze nazionali della Francia sotto la sua nefasta egida peggiorarono rapidamente, tanto che dopo quattro anni di manipolazioni, lo sfortunato governo del Re aveva contratto un ulteriore e ben più grave debito di 170.000.000 di sterline.

Nel 1730 la Massoneria era stata introdotta in Francia dall'Inghilterra. Nel 1771 il movimento aveva raggiunto proporzioni tali che Philippe Duc de Chartres, poi d'Orléans, divenne Gran Maestro. Questo tipo di massoneria era in gran parte innocente, sia nella politica che nel personale, nei suoi primi giorni; ma come gli eventi dimostrarono, i veri animatori erano uomini di sangue spietati e senza scrupoli.

Il Duca d'Orléans non era uno di questi ultimi. Benché fosse un uomo di pochi principi e un libertino stravagante, vanitoso e ambizioso, non aveva altri motivi oltre alla cacciata del re e all'instaurazione di una monarchia democratica con lui stesso come monarca.

Avendo inoltre una scarsa intelligenza, fu il cavallo da caccia ideale per la prima e più moderata fase della rivoluzione, e un volenteroso strumento di uomini che probabilmente conosceva a malapena, e che **lo mandarono alla ghigliottina poco dopo aver svolto il suo ruolo basso e ignominioso.**

Il marchese di Mirabeau, che gli succedette come figura di spicco della Rivoluzione, ebbe lo stesso ruolo. Era un uomo molto più abile di d'Orléans, ma un libertino così ripugnante da essere evitato da tutta la sua classe e imprigionato più di una volta su istanza di suo padre. È noto che fu finanziato da Moses Mendelssohn[4], capo degli Illuminati ebrei, e che frequentò la signora Herz, ebrea, più di quanto non facesse suo marito. Non solo fu una figura di spicco della Massoneria francese negli anni più rispettabili, ma introdusse l'Illuminismo in Francia.

L'Illuminismo era una società segreta rivoluzionaria che si nascondeva dietro la Massoneria. Gli Illuminati penetrarono in tutte le logge della Massoneria del Grande Oriente e furono sostenuti e organizzati da ebrei cabalisti.

È interessante notare che il Duca d'Orléans e Talleyrand furono entrambi iniziati all'Illuminismo da Mirabeau poco dopo che quest'ultimo lo aveva introdotto in Francia, da Francoforte, dove la sede era stata stabilita nel 1782 sotto Adam Weishaupt.

Nel 1785 si verificò uno strano evento, che fa pensare che le stesse potenze celesti abbiano tentato all'ultimo momento di mettere in guardia la Francia e l'Europa contro l'ammassarsi delle potenze del male:

Un fulmine uccide un messaggero degli Illuminati a Ratisbona.

La polizia ha trovato sul corpo documenti che trattavano di piani per la rivoluzione mondiale.

Il governo bavarese fece quindi perquisire la sede degli Illuminati, scoprendo molte altre prove.

---

[4] Moses Mendelssohn è il "dotto ebreo" che è stato citato per aver detto che: "L'ebraismo non è una religione. È una legge religionizzata". A mio avviso, ciò equivale a dire che "l'ebraismo è un programma politico (per il dominio del mondo) avvolto in un mantello di religione".

Le autorità francesi sono state informate, ma **il processo di paralisi era troppo avanzato e non è stato possibile intervenire.**

Nel 1789 in Francia c'erano più di duemila Logge affiliate al Grande Oriente, strumento diretto della rivoluzione internazionale, e i loro adepti erano più di 100.000. In questo modo, l'Illuminismo ebraico sotto Moses Mendelssohn e l'Illuminismo massonico sotto Weishaupt si affermarono come controlli interni di una forte organizzazione segreta che copriva l'intera Francia.

Sotto gli Illuminati operava la Massoneria del Grande Oriente, e sotto di essa aveva operato la Massoneria Azzurra, o Nazionale, fino a quando non fu convertita di punto in bianco in Massoneria del Grande Oriente da Philippe d'Orléans nel 1773. Égalité non sospettava i poteri satanici che stava invocando, quando intraprese quell'azione, e satanici lo erano di certo. Il nome Lucifero significa "portatore di luce"; e Illuminati coloro che furono illuminati da quella luce.

Quando gli Estati Generali si riunirono a Versailles il 5 maggio 1789, la paralisi dell'autorità esecutiva da parte delle organizzazioni segrete era ormai completa. Anche la paralisi dovuta al controllo dell'opinione pubblica e della pubblicità era ormai ben avanzata. Questo fu il modo in cui si realizzò.

Nel 1780 l'intero reddito di d'Orléans, pari a 800.000 livres, grazie alle sue spericolate scommesse e stravaganze, era stato ipotecato agli usurai.

Nel 1781, in cambio di una sistemazione, firmò delle carte che consegnavano il suo palazzo, i suoi possedimenti e la sua casa, il Palais Royal, ai suoi creditori, con il potere di formarvi un centro di politica, di stampa, di pamphleting, di gioco d'azzardo, di conferenze, di bordelli, di enoteche, di teatri, di gallerie d'arte, di atletica e di qualsiasi altro uso, che in seguito prese la forma di ogni varietà di dissolutezza pubblica.

In realtà, i padroni finanziari dell'Égalité usarono il suo nome e le sue proprietà per installare un colossale organismo di pubblicità e corruzione, che faceva appello a tutti gli istinti più bassi della natura umana e inondava le enormi folle così riunite con la produzione sporca, diffamatoria e rivoluzionaria delle sue tipografie e dei suoi circoli di discussione.

Come scrive Scudder in *Un principe del sangue*:

> "Ha dato alla polizia più cose da fare rispetto a tutte le altre parti della città".

È interessante notare che il direttore generale insediato dai creditori al Palais royal era un certo de Laclos, un avventuriero politico di origine aliena, autore di *Liaisons Dangereuses* e di altre opere pornografiche, che si diceva "studiasse la politica dell'amore a causa del suo amore per la politica".

Questo flusso costante di corruzione e di propaganda distruttiva era collegato a una serie di attacchi personali sistematici della natura più vile e spregiudicata contro tutti i personaggi pubblici che i giacobini ritenevano potessero ostacolarli. Questo processo era noto come "L'infamie".

Maria Antonietta stessa fu uno dei principali bersagli di questa forma di attacco tipicamente ebraica. Nessuna menzogna o abuso era troppo vile per essere rivolto a lei. Più intelligente, sveglia e vigorosa del debole e indolente Luigi, Maria Antonietta rappresentava un notevole ostacolo alla rivoluzione. Inoltre, aveva ricevuto molti avvertimenti sulla massoneria da parte della sorella austriaca e senza dubbio a quel punto era più consapevole del suo significato rispetto a quando aveva scritto alla sorella alcuni anni prima:

> "Credo che per quanto riguarda la Francia, vi preoccupiate troppo della massoneria. Qui è ben lontana dall'avere l'importanza che può avere altrove in Europa. Qui tutto è aperto e si sa tutto. Allora dove potrebbe essere il pericolo?

> Ci si potrebbe preoccupare se si trattasse di una società segreta politica. Ma al contrario il governo la lascia diffondere, ed è solo quello che sembra, un'associazione il cui scopo è l'unione e la carità.
>
> Si cena, si canta, si parla, il che ha dato al Re l'occasione di dire che chi beve e canta non è sospettabile di organizzare complotti. Non è nemmeno una società di atei, perché ci dicono che Dio è sulla bocca di tutti. Sono molto caritatevoli. Allevano i figli dei loro membri poveri e morti. Danno in eredità le loro figlie. Che male c'è in tutto questo?".

Che male c'è, se queste innocenti pretese non nascondevano disegni più oscuri? Senza dubbio gli agenti di Weishaupt e Mendelssohn riferirono loro il contenuto della lettera della Regina; e possiamo immaginarli mentre si agitano dalle risate e si sfregano le mani soddisfatti; mani che non vedono l'ora di distruggere la vita stessa della Francia e della sua Regina, e che al momento opportuno daranno il segnale che trasformerà la cospirazione segreta nei "massacri di settembre" e nei bagni di sangue della ghigliottina.

Per promuovere la campagna di calunnia contro la Regina, fu organizzata un'elaborata burla in quel periodo, quando i finanzieri e gli speculatori di grano stavano deliberatamente creando condizioni di povertà e fame a Parigi.

Una collana di diamanti del valore di quasi un quarto di milione è stata ordinata ai gioiellieri di Corte a nome della Regina da un agente dei giacobini. La sfortunata Regina non sapeva nulla di questo affare fino a quando la collana non le fu portata per l'accettazione, quando naturalmente negò di avere a che fare con la faccenda, sottolineando che avrebbe considerato sbagliato ordinare una cosa del genere quando la Francia si trovava in così cattive condizioni finanziarie.

Le tipografie del Palais Royal, tuttavia, si sono concentrate sull'argomento e ogni tipo di critica è stata mossa alla Regina.

Un ulteriore scandalo fu poi architettato per la stampa. Una prostituta del Palais Royal fu ingaggiata per travestirsi da Regina; grazie alla lettera contraffatta, il Cardinale Principe de Rohan fu indotto a incontrare la presunta Regina verso mezzanotte al Palais Royal, supponendo che gli venisse chiesto consiglio e aiuto dalla Regina sul tema della collana.

L'evento, inutile dirlo, fu immediatamente riferito alle tipografie e ai pamphlet, che iniziarono un'ulteriore campagna contenente le più turpi insinuazioni che si potessero immaginare sull'intera vicenda. L'animatore della scena era Cagliostro, alias Giuseppe Balsamo, ebreo palermitano, dottore in arte cabalistica e membro degli Illuminati, ai quali era stato iniziato a Francoforte da Weishaupt nel 1774.

Quando la collana ebbe raggiunto il suo scopo, fu spedita a Londra, dove la maggior parte delle pietre fu conservata dall'ebreo Eliason. Attacchi di natura simile furono diretti contro molte altre persone perbene, che resistevano all'influenza dei club giacobini. Dopo otto anni di questo lavoro, il processo di paralisi attraverso la padronanza della pubblicità era completo.

Sotto tutti i punti di vista, quindi, nel 1789, quando i finanzieri costrinsero il Re a convocare gli Stati Generali, la prima parte dei loro piani rivoluzionari (cioè la paralisi) era stata realizzata. Restava solo da sferrare il colpo o la serie di colpi che avrebbero privato la Francia del suo trono, della sua chiesa, della sua costituzione, dei suoi nobili, del suo clero, della sua nobiltà, della sua borghesia, delle sue tradizioni e della sua cultura, lasciando al loro posto, una volta terminato il lavoro della ghigliottina, cittadini che tagliano legna e traggono acqua sotto una dittatura finanziaria aliena.

Dal 1789 in poi si susseguirono una serie di atti rivoluzionari, ognuno più violento del precedente, ognuno che smascherava nuove richieste e leader più violenti e rivoluzionari. A sua volta, ognuno di questi leader, solo un fantoccio dei veri poteri che stanno dietro alla rivoluzione, viene messo da parte; e la sua testa rotola nel cesto per unirsi a quelle delle sue vittime di ieri.

Philippe Égalité, duca d'Orléans, fu usato per preparare il terreno per la rivoluzione, per proteggere con il suo nome e la sua influenza la nascita del club rivoluzionario, per divulgare la massoneria e il Palais Royal e per sponsorizzare atti come la marcia delle donne a Versailles.

Le "donne" in questa occasione erano per lo più uomini travestiti. D'Orléans aveva l'impressione che il Re e la Regina sarebbero stati assassinati da questa folla e si era proclamato Re democratico. I veri organizzatori della marcia, tuttavia, avevano in mente altri piani.

Uno degli obiettivi principali era quello di assicurare il trasferimento della famiglia reale a Parigi, dove sarebbe stata al riparo dall'esercito e sotto il potere della Comune o Consiglio di Contea di Parigi, in cui i giacobini erano supremi.

Continuarono a servirsi di Égalité fino al momento della votazione sulla vita del Re, quando coronò la sua sordida carriera guidando il voto palese per la morte di suo cugino. I suoi padroni non ebbero più bisogno dei suoi servigi e in breve tempo seguì il cugino alla ghigliottina tra le esecrazioni di tutte le classi.

Mirabeau svolse un ruolo simile a quello di Égalité. Egli intendeva far cessare la rivoluzione con l'insediamento di Luigi come monarca democratico, con lui stesso come principale consigliere. Non desiderava che si facesse violenza al Re. Al contrario, negli ultimi giorni prima di morire misteriosamente avvelenato, fece di tutto per far allontanare il Re da Parigi e affidarlo a generali fedeli che ancora comandavano il suo esercito.

Era l'ultimo dei moderati e dei monarchici a dominare il club giacobino di Parigi, quel fulcro sanguinario della rivoluzione che si era materializzato dai club segreti dei massoni e degli Illuminati d'Oriente. Fu la voce di Mirabeau, forte e risonante, a tenere a freno la rabbia crescente dei fanatici assassini che vi brulicavano.

Non c'è dubbio che alla fine percepì la vera natura e la forza della bestia che aveva lavorato così a lungo e con tanta fatica per liberarla. Nel suo ultimo tentativo di salvare la famiglia reale, portandola via da Parigi, riuscì effettivamente a far cadere ogni opposizione nel club giacobino. La sera stessa morì per una malattia improvvisa e violenta; e, come scrive l'autore de *La collana di diamanti*:

> "Luigi non ignorava che Mirabeau fosse stato avvelenato".

Così, come Philippe Égalité, e più tardi Danton e Robespierre, anche Mirabeau fu eliminato dal palcoscenico quando il suo ruolo era stato svolto. Ci viene in mente il passo del numero 15 dei *Protocolli di Sion*:

> *"Eseguiamo i lavori dei muratori in modo tale che nessuno, a parte la fratellanza, possa mai sospettarlo".*

E ancora:

> *"In questo modo procederemo con quei muratori goy che sanno troppo".*

Come scrive E. Scudder nella sua *Vita di Mirabeau*:

> *"È morto in un momento in cui la rivoluzione poteva ancora essere controllata".*

La figura di Lafayette occupa la scena in diverse occasioni importanti durante queste prime fasi rivoluzionarie. Era uno di quei semplici massoni che vengono portati non si sa come, su una nave che non hanno esplorato a fondo e da correnti di cui sono totalmente all'oscuro.

Pur essendo una figura popolare tra le folle rivoluzionarie, gestì con grande severità diversi focolai di violenza rivoluzionaria, in particolare durante la marcia delle donne verso Versailles, l'attacco alle Tuileries e ai Campi di Marte. Anch'egli desiderava l'instaurazione di una monarchia democratica e non avrebbe tollerato alcuna minaccia al Re nemmeno da parte di Philippe Égalité, che trattò con la massima ostilità durante e dopo la marcia delle donne a Versailles, ritenendo in quell'occasione che Égalité intendesse assassinare il Re e usurpare la Corona.

Divenne evidentemente un ostacolo per le potenze che stavano dietro alla rivoluzione, e fu messo in viaggio per una guerra contro l'Austria, che l'Assemblea costrinse Luigi a dichiarare. Una volta si precipitò a Parigi nel tentativo di salvare il re, ma fu di nuovo messo in viaggio per la guerra. Seguì la morte di Mirabeau e il destino di Luigi fu segnato.

Le figure selvagge di Danton, Marat, Robespierre e dei fanatici del club giacobino dominavano ora la scena.

Nel settembre del 1792 furono perpetrati i terribili "massacri di settembre"; 8.000 persone furono uccise solo nelle prigioni di Parigi e molte altre in tutto il Paese.

Va notato che queste vittime furono arrestate e tenute fino al momento del massacro nelle prigioni da un certo Manuel, procuratore della Comune. Sir Walter Scott aveva evidentemente capito molto delle influenze che erano all'opera dietro le quinte. Nella sua *Vita di Napoleone*, Vol. 2, scrive a pagina 30:

> "La richiesta della Communauté de Paris[5], ora Sinedrio dei giacobini, era, ovviamente, di sangue".

Ancora, a pagina 56 scrive:

> "Il potere dei giacobini era irresistibile a Parigi, dove Robespierre, Danton e Marat si dividevano i posti più alti della sinagoga".

Scrivendo della Comune, Sir Walter Scott afferma nella stessa opera:

> "I principali leader della Comune sembrano essere stati stranieri".

Alcuni nomi di questi "stranieri" sono degni di nota:

C'era Choderlos de Laclos, direttore del Palais Royal, che si diceva fosse di origine spagnola.

C'era Manuel, il procuratore della Comune, già citato. Fu lui a dare il via all'attacco alla regalità in seno alla Convenzione, che culminò con l'esecuzione di Luigi e Maria Antonietta.

C'era David il pittore, membro di spicco del Comitato di Pubblica Sicurezza, che "processava" le vittime. La sua voce si alzava sempre per invocare la morte. Sir Walter Scott scrive che questo demonio era solito precedere il suo "sanguinoso lavoro del giorno con la frase professionale: 'maciniamo abbastanza del Rosso'". È stato David a inaugurare il culto dell'Essere Supremo e a organizzare

> "La conduzione di questa mummia pagana, che veniva sostituita a ogni segno esterno di devozione razionale".

---

[5] [Il Consiglio della Contea di Parigi, equivalente al L.C.C. di Londra].

(Sir Walter Scott, *Vita di Napoleone*, Vol. 2).

C'erano Reubel e Gohir, due dei cinque "Direttori", che con un Consiglio di Anziani divennero il governo dopo la caduta di Robespierre, essendo noti come Direttorio.

I termini "Direttori" e "Anziani" sono, ovviamente, tipicamente ebraici.

Un'altra osservazione va fatta a questo punto: questa importante opera di Sir Walter Scott in 9 volumi, che rivela così tanto della vera verità, è praticamente sconosciuta, non viene mai ristampata insieme alle altre sue opere ed è quasi introvabile.

Chi ha familiarità con la tecnica ebraica apprezzerà il pieno significato di questo fatto; e l'importanza aggiuntiva che esso conferisce alle prove di Sir Walter Scott riguardo ai poteri dietro la Rivoluzione francese.

Torniamo alla scena di Parigi. Robespierre rimane ora solo e apparentemente padrone delle scene; ma anche in questo caso si tratta solo di apparenza. Passiamo alla *Vita di Robespierre*, di un certo G. Renier, che scrive come se i segreti ebraici fossero a sua disposizione. Scrive:

> "Dall'aprile al luglio 1794 (la caduta di Robespierre) il terrore fu al suo apice. Non fu mai la dittatura di un solo uomo, tanto meno di Robespierre. Una ventina di uomini (i Comitati di Pubblica Sicurezza e di Sicurezza Generale) si dividevano il potere".

Per citare ancora il signor Renier:

> "Il 28 luglio 1794", "Robespierre fece un lungo discorso davanti alla Convenzione, una filippica contro gli ultraterroristi, pronunciando vaghe accuse generali: 'Non oso nominarli in questo momento e in questo luogo. Non

> riesco a squarciare completamente il velo che copre questo profondo mistero di iniquità. Ma posso affermare con certezza che tra gli autori di questo complotto ci sono gli agenti di quel sistema di corruzione e stravaganza, il più potente di tutti i mezzi inventati dagli stranieri per la rovina della Repubblica; intendo dire gli impuri apostoli dell'ateismo e dell'immoralità che ne è alla base".

Il signor Renier continua con tutta la soddisfazione di un ebreo:

> "Se non avesse pronunciato queste parole avrebbe potuto ancora trionfare!".

In questa frase compiaciuta il signor Renier mette involontariamente i puntini sulle i, che Robespierre aveva lasciato incompiuti. L'allusione di Robespierre agli "stranieri corrotti e segreti" si stava avvicinando troppo al bersaglio; ancora un po' e la verità sarebbe venuta a galla.

Alle 2 di quella notte Robespierre fu colpito alla mascella[6] e il giorno seguente fu trascinato alla ghigliottina.

Ricordiamo ancora una volta il *Protocollo 15*:

> *"In questo modo procederemo con i muratori goy che sanno troppo"*.

---

[6] In modo un po' simile, Abraham Lincoln fu ucciso dall'ebreo Booth la sera in cui aveva dichiarato al suo gabinetto che intendeva finanziare in futuro i prestiti degli Stati Uniti su una base priva di debiti, simile alla moneta priva di debiti nota come "Greenbacks", con cui aveva finanziato la Guerra Civile.

LA RIVOLUZIONE RUSSA

Monsieur Francois Coty, il celebre produttore di profumi, scriveva sul Figaro del 20 febbraio 1932:

"Le sovvenzioni concesse ai nichilisti in questo periodo (1905-1917) da Jacob Schiff, della Kuhn Loeb and Co. di New York, non erano più atti di generosità isolata. A sue spese era stata creata una vera e propria organizzazione terroristica russa. Essa copriva la Russia con i suoi emissari".

La creazione di formazioni terroristiche da parte degli ebrei all'interno di un Paese votato alla rivoluzione, che si chiamino nichilisti o, come in Francia nel 1789, "Bande Sacre" o "Marsigliesi", o "Operativi", come nella Gran Bretagna di Carlo I, si rivela ora come una tecnica standard.

Jacob Schiff finanziò anche il Giappone nella sua guerra contro la Russia del 1904-5, come si apprende dall'Enciclopedia ebraica.

Questa guerra fu immediatamente seguita da un tentativo di rivoluzione su scala considerevole in Russia, che tuttavia si rivelò abortito. Il tentativo successivo, durante la Grande Guerra, ebbe pieno successo.

Il 3 gennaio 1906, il ministro degli Esteri russo fornì all'imperatore Nicola II un rapporto su questo scoppio rivoluzionario che, come rivelato dall'American Hebrew del 13 luglio 1918, conteneva i seguenti passaggi:

> "Gli eventi che hanno avuto luogo in Russia nel 1905 indicano chiaramente che il movimento rivoluzionario ha un preciso carattere internazionale i rivoluzionari possiedono grandi quantità di armi importate dall'estero e mezzi finanziari molto considerevoli si deve concludere che ci sono organizzazioni di capitalisti stranieri interessati a sostenere il nostro movimento rivoluzionario. Se a ciò aggiungiamo che, come è stato dimostrato senza ombra di dubbio, un ruolo molto considerevole è svolto dagli ebrei **come leader di altre organizzazioni**, oltre che della loro... sempre l'elemento più bellicoso della rivoluzione... possiamo sentirci autorizzati a supporre che il suddetto sostegno straniero al movimento rivoluzionario russo provenga da circoli capitalistici ebraici".

L'ipotesi contenuta nella relazione precedente era in effetti ben giustificata. Essa sarebbe stata confermata da un documento ufficiale ancora più importante, redatto al culmine della rivoluzione stessa, nel 1918, dal signor Oudendyke, il rappresentante del governo olandese a San Pietroburgo, responsabile degli interessi britannici in Russia dopo la liquidazione della nostra ambasciata da parte dei bolscevichi.

Questo rapporto di Oudendyke fu ritenuto così importante da Balfour, a cui era indirizzato, che fu inserito in un libro bianco del governo britannico sul bolscevismo pubblicato nell'aprile 1919. (Russia n. 1).

In essa ho letto il seguente passo:

> "Ritengo che l'immediata soppressione del bolscevismo sia la questione più importante che il mondo si trova ad affrontare, senza escludere la guerra che sta ancora infuriando. Se il bolscevismo non viene stroncato sul nascere, è destinato a diffondersi in una forma o nell'altra in Europa e in tutto il mondo, in quanto è organizzato e operato da ebrei che non hanno nazionalità e il cui unico obiettivo è quello di distruggere per i propri fini l'ordine delle cose esistenti".

Una luce ancora più chiara su questi avvenimenti è data da un articolo scritto il 12 aprile 1919, in un giornale chiamato *Il Comunista*, a Kharkov, da un certo M. Cohen:

> "La grande rivoluzione russa è stata effettivamente portata a termine dalle mani degli ebrei. Non ci sono ebrei nei ranghi dell'Armata Rossa per quanto riguarda i soldati semplici, ma nei Comitati e nell'organizzazione sovietica come commissari, gli ebrei guidano valorosamente le masse. Il simbolo dell'ebraismo è diventato il simbolo del proletariato russo, come dimostra l'adozione della stella a cinque punte, che in passato era il simbolo del sionismo e dell'ebraismo".

Fahey, nella sua importante e autentica opera, *The Rulers of Russia*, è più specifico, affermando che nel 1917 delle 52 persone che assunsero la direzione della Russia, tutte tranne Lenin erano ebree.[7]

La liquidazione di massa di tutti i lavoratori in Russia, tranne i tagliatori di legna e i pescatori d'acqua, fu così completa che questa presa ebraica rimase inalterata. Il dottor Fahey ci dice che nel 1935 l'esecutivo centrale della Terza Internazionale, che governava la Russia, "era composto da 59 uomini, di cui 56 erano ebrei. Gli altri tre, compreso Stalin, erano sposati con donne ebree. Dei 17 principali ambasciatori sovietici, 4 erano ebrei". (*Governanti della Russia*, pagine 8 e 9).

Il Rev. George Simons, che fu sovrintendente della Chiesa Episcopale Metodista a San Pietroburgo dal 1907 all'ottobre 1918, apparve davanti a una commissione del Senato degli Stati Uniti il 12 febbraio 1919, e fornì un resoconto della sua personale conoscenza degli avvenimenti in Russia fino al momento della sua partenza. Il Dr. Fahey lo cita come se

---

[7] Al signor Fahey deve essere sfuggito il fatto che Lenin stesso era un ebreo. Ciò significa che TUTTI coloro che hanno assunto la direzione della Russia erano ebrei.

avesse detto durante questa testimonianza:

> "Nel dicembre 1918, su 388 membri del governo rivoluzionario, solo 16 erano veri russi; tutti gli altri erano ebrei, ad eccezione di un negro americano. Duecentosessantacinque degli ebrei provengono dal Lower East Side di New York".

Questa è stata la condizione delle cose nell'URSS da quel giorno a oggi.

Anche se un certo numero di ebrei fu liquidato nella cosiddetta "purga di Mosca", ciò non influì in alcun modo sulla situazione. Significava semplicemente che una fazione ebraica aveva trionfato su un'altra e l'aveva liquidata. Non c'è mai stata una rivolta dei gentili contro la dominazione ebraica.

Il fatto che alcuni ebrei siano stati liquidati da fazioni vincenti dietro la cortina di ferro poteva essere usato per ingannare il mondo esterno e fargli credere che si trattasse del risultato di una rivolta antisemita, e di tanto in tanto un imbroglio di questo tipo è stato sistematicamente propagandato.

Man mano che l'opinione pubblica mondiale diventava ostile all'U.R.S.S., gli ebrei più importanti cominciarono a temere che questo sentimento, unito alla graduale presa di coscienza che il bolscevismo è ebraico, potesse avere reazioni spiacevoli per loro.

Verso il 1945, quindi, fu organizzata un'altra potente campagna da parte di influenti circoli ebraici, in particolare negli Stati Uniti, per diffondere ancora una volta la storia che la Russia si era rivoltata contro gli ebrei. Evidentemente, però, non riuscirono ad avvisare i loro fratelli minori di questa mossa e presto arrivarono smentite indignate e informate.

Una rivista chiamata Bulletin, organo del Glasgow Discussion Group, scriveva nel giugno 1945:

> "Le sciocchezze che vengono ora diffuse sulla crescita dell'antisemitismo in Russia non sono altro che bugie maligne e pura invenzione".

Il 1 febbraio 1949, il *Daily Worker* pubblicò un articolo in cui un certo Parker forniva alcuni nomi e cifre di ebrei che ricoprivano alte cariche in U.R.S.S., da cui era evidentemente tornato di recente, poiché scriveva:

> "Non ho mai sentito un fiato di critica su questo stato di cose... l'antisemitismo renderebbe un funzionario sovietico perseguibile allo stesso modo in cui un privato cittadino può essere portato in tribunale per antisemitismo".

Il 10 novembre 1949, il *Daily Worker*, il costante e ardente campione degli ebrei, pubblicò un articolo del signor D. Kartun, intitolato "Stamping Out Anti-Semitism" (Eliminare l'antisemitismo), che mostra il completo controllo ebraico dietro la cortina di ferro quando scrive:

> "In Polonia e nelle altre democrazie popolari l'antisemitismo di parola o di fatto è punito con la massima severità".

Tra il 1945 e il 1949 la propaganda per convincere i gentili al di fuori della cortina di ferro che all'interno di quell'area l'antisemitismo era dilagante e che gli ebrei erano stati cacciati da ogni parte dalle alte cariche fu portata avanti con energia. Cominciò a essere creduto da un certo numero di persone, che avrebbero dovuto saperlo bene; tanto che nell'autunno di quest'ultimo anno pensai che valesse la pena di pubblicare un elenco che mostrasse il numero di posizioni vitali occupate da ebrei dietro la cortina di ferro. Ecco un estratto di questi elenchi.

U.S.S.R.

Premier	Stalin	Sposato con un'ebrea
Vice-Premier	Kaganovitch[8]	Ebreo
Ministero del Controllo dello Stato	Mekhlis	Ebreo
Costruzioni militari e navali Ginsburg	Ginsburg	Ebreo
Ministro Cominform Organ	Yudin	Ebreo
Capo pubblicista all'estero per l'U.R.S.S.	Ilya Eherenburg	Ebreo
Ministero dei macchinari per le imprese edili	Yudin	Ebreo
Ministro degli Esteri	Molotoff	Sposato con un'ebrea

POLONIA

Governante virtuale	Jacob Bergman	Ebreo
Procuratore della Repubblica	T. Cipriano	Ebreo
Movimenti giovanili O.C.	Dr. Braniewsky	Ebreo

UNGHERIA

---

[8] Kagan" o "Khagan" è la parola khazariana per "re". Oltre il 90% degli ebrei di oggi non sono semiti, né lo sono i loro antenati. Appartengono alla tribù turco-mongola dei Khazar, il cui Kagan adottò il talmudismo intorno al 740 d.C.

Governante virtuale	Mathias Rakosi	Ebreo

ROUMANIA

Governante virtuale	Anna Pauker	Ebrea

(Da allora rimosso per "deviazionismo", ma sostituito da un altro ebreo).

YUGOSLAVIA

Governante virtuale	Moishe Pyjede	Ebreo

Nel maggio del 1949, il Daily Worker, che è, ovviamente, costantemente e ardentemente filo-ebraico, pubblicò un articolo di A. Rothstein che elogiava l'U.R.S.S. al cielo; e, più o meno nello stesso periodo, un altro articolo su linee simili sul paradiso dietro la cortina di ferro di Sam Aronvitch.

Il 10 novembre lo stesso giornale ha pubblicato un articolo in cui D. Kartun, parlando delle "democrazie popolari" e dell'eliminazione dell'antisemitismo in esse, ha scritto:

> "Nessuno potrebbe sognare di fare un discorso antisemita o di scrivere un articolo antisemita in nessuno di questi Paesi. Se lo facessero, la loro pena detentiva sarebbe immediata e lunga".

Negli ultimi anni ci sono state fornite ulteriori prove drammatiche dell'interrelazione vitale tra gli ebrei e l'URSS.

Dai processi alle spie canadesi, che hanno puntato i riflettori sullo spionaggio dell'atomo per l'URSS, con la condanna e l'incarcerazione di Frank Rosenberg (alias Rose), il deputato comunista ebreo canadese, e di diversi ebrei, alla condanna e all'incarcerazione di molti altri della stessa banda in Gran Bretagna e negli Stati Uniti, tra cui Fuchs, il professor Weinbaum, Judith Coplon, Harry Gold, David Greenglass, Julius Rosenberg, Miriam Moskewitz, Abraham Brothanz e Raymond Boyer, che - pur essendo gentile di nascita - sposò un'ebrea e, credo, adottò il credo ebraico in quell'occasione.

Infine, c'è stato il volo verso l'URSS con i segreti dell'atomo anche dell'ebreo professor Pontecorvo, che aveva lavorato in stretta collaborazione con Fuchs.

Non c'è dubbio che continueremo a essere intrattenuti con storie plausibili che dimostrano che la Russia è diventata antisemita; ma non è difficile rendersi conto che una tale morsa ebraica, sostenuta dalle più elaborate squadre di spionaggio e liquidazione conosciute dall'uomo, provocherebbe una convulsione che scuoterebbe il mondo prima che la sua morsa possa essere spezzata.

SVILUPPO DI TECNICA RIVOLUZIONARIA

Quattro rivoluzioni nella storia meritano la nostra particolare attenzione. Lo studio e il confronto dei metodi impiegati riveleranno, da un lato, una somiglianza di base tra di esse e, dall'altro, un interessante progresso nella tecnica, con ogni successivo sconvolgimento. È come se studiassimo le varie fasi dell'evoluzione del fucile moderno dal vecchio "Brown Bess" originale.

Le rivoluzioni in questione sono in primo luogo quella di Cromwelli, in secondo luogo quella francese, in terzo luogo quella russa e infine quella spagnola del 1936.

Tutti e quattro possono essere dimostrati come opera dell'ebraismo internazionale. I primi tre ebbero successo, assicurando l'assassinio del monarca regnante e la liquidazione dei suoi sostenitori.

In ogni caso, la finanza ebraica e gli intrighi clandestini sono chiaramente rintracciabili; e le prime misure approvate dai rivoluzionari sono state di "emancipazione" per gli ebrei.

Cromwell fu finanziato da vari ebrei, in particolare Manasseh Ben Israel e Carvajal "il Grande Ebreo", appaltatore del suo esercito.

In questa occasione l'influenza ebraica rimase finanziaria e commerciale, mentre le armi e il mezzo di propaganda erano semi-religiosi, essendo tutti i Cromwelliani imbevuti di giudaismo dell'Antico Testamento; alcuni, come il generale Harrison, portarono il loro giudaismo fino a sostenere l'adozione della Legge mosaica come legge dell'Inghilterra e la sostituzione del sabato come sabato al posto della domenica cristiana.

Conosciamo tutti gli assurdi passi dell'Antico Testamento che le file dei Roundhead adottarono come nomi, come quello del sergente Abdia: "Legate i loro re con catene e i loro nobili con catene di ferro". La rivoluzione Cromwelliana ebbe vita breve. L'opera di distruzione non era stata sufficientemente approfondita da vanificare la controrivoluzione e la restaurazione del vecchio regime.

Fu necessaria una seconda rivoluzione, la cosiddetta "Rivoluzione gloriosa" del 1689. Anche questa fu finanziata da ebrei, in particolare da Salomone Medina, Suasso, Mosè Machado e altri.

Con la rivoluzione francese del 1789 la tecnica era stata notevolmente migliorata. Negli anni precedenti, le società segrete si erano sviluppate su larga scala in tutta la Francia. I piani per la liquidazione del precedente regime sono ormai molto più drastici.

L'omicidio giudiziario di un re gentile e ben intenzionato e di alcuni nobili è sostituito da omicidi di massa nelle prigioni e nelle case private di tutta la nobiltà, il clero, la nobiltà e la borghesia, indipendentemente dal sesso.

Il danneggiamento e la profanazione di alcune chiese da parte dei Cromwelliani per il loro uso temporaneo come stalle si sviluppa in una distruzione generale delle chiese cristiane, o nella loro conversione in gabinetti pubblici, bordelli e mercati; e nel **divieto di praticare la religione cristiana** e persino di suonare le campane delle chiese.

Non si permette alla guerra civile di svilupparsi. L'esercito viene messo in disparte e tenuto separato dal suo re grazie alla sua presa di potere in una fase iniziale. Il controllo invisibile del 1789 è così potente che, a quanto pare, la feccia della popolazione francese liquida vittoriosamente tutti i suoi leader naturali, un fenomeno di per sé molto innaturale e sospetto.

Ancora più sospetta è l'improvvisa apparizione di forti bande di teppisti armati, che marciano su Parigi da Lione e Marsiglia; e sono **registrati come ovviamente stranieri.**

Qui abbiamo le prime formazioni di elementi mercenari e criminali alieni, che forzano le rivoluzioni in un paese non loro, che avranno il loro prototipo finito e ampliato nelle Brigate Internazionali, che tentarono di imporre il marxismo alla Spagna 150 anni dopo.

L'Inghilterra del XVII secolo non era stata smembrata e orrendamente rimodellata su linee aliene; ma tutti i segni territoriali familiari nella Francia del XVIII secolo furono distrutti. Gli splendidi e storici nomi e titoli di contee, dipartimenti e famiglie furono eliminati e la Francia fu divisa in quadrati numerati occupati semplicemente da "cittadini".

Anche i mesi del calendario furono cambiati. La bandiera nazionale della Francia, con i suoi gigli e le sue glorie, fu bandita. Al suo posto i francesi ricevettero il Tricolore, distintivo dell'omicidio e dello stupro. Qui, però, i pianificatori commisero un errore.

Il Tricolore potrebbe non essere l'onorata e famosa bandiera della Francia. Potrebbe essere grondante di sangue di massacri, regicidi e scelleratezze. Poteva essere appestata dalla melma dei criminali ebrei che l'avevano progettata e imposta al popolo francese; ma fu proclamata bandiera nazionale e bandiera nazionale divenne; e con la bandiera nazionale arrivò l'esercito nazionale e un leader nazionale, Napoleone.

Non passò molto tempo prima che questo grande francese si

scontrasse con i poteri segreti che fino a quel momento controllavano gli eserciti della Francia. Essi avevano pianificato di usare questi eserciti per rivoluzionare tutti gli Stati europei, uno dopo l'altro; per rovesciare tutte le leadership e instaurare un governo della folla, apparentemente, in realtà ovviamente, il loro.

Proprio in questo modo gli ebrei oggi intendono utilizzare l'Armata Rossa. Una politica diretta da alieni di questo tipo non poteva continuare a lungo una volta che un esercito nazionale avesse creato un vero leader nazionale; le loro prospettive e la loro politica dovevano inevitabilmente essere agli antipodi. Non passò molto tempo prima che il Primo Console sfidasse e rovesciasse questi stranieri e i loro burattini.

Nel 1804 Napoleone aveva ormai riconosciuto l'ebreo e i suoi piani come una minaccia per la Francia e tutto ciò che la rivoluzione aveva spazzato via lo restaurò sistematicamente. Da quel momento in poi il denaro ebraico finanziò ogni coalizione contro di lui; e gli ebrei oggi si vantano che a sconfiggere Napoleone sia stato Rothschild e non Wellington.

Sapendo queste cose, Hitler, al momento dell'occupazione di Parigi, ordinò immediatamente di montare una guardia d'onore permanente sulla tomba di Napoleone agli Invalides; e fece portare dall'Austria la salma di L'Aiglon (figlio di Napoleone da Maria Luisa), che fu finalmente sepolta nel posto che gli spettava, al fianco del padre.

Quando passiamo a esaminare la rivoluzione russa, scopriamo che la tecnica è ancora più audace e drastica. In questa occasione non è ammessa alcuna bandiera, esercito o inno nazionale. Dopo che la feccia della comunità ha apparentemente realizzato l'impossibile, liquidando ogni altra classe fino al kulak (un uomo con tre mucche), essi vengono radunati in una forza poliglotta chiamata Armata Rossa; su di loro sventola una bandiera rossa internazionale, non una bandiera russa; il loro inno è l'Internazionale.

La tecnica della rivoluzione in Russia è stata così perfezionata che fino ad oggi ha assicurato il regime ebraico stabilito in quel Paese contro tutti i contrattacchi.

La prossima rivoluzione che merita la nostra attenzione è quella scoppiata in Spagna nel 1936. Fortunatamente per l'Europa, essa è stata frustrata dal generale Franco e da alcuni uomini valorosi, che sono subito scesi in campo per contrastare le forze rivoluzionarie e sono riusciti a schiacciarle con una lunga lotta.

Questo risultato è ancora più notevole se si considera l'ultimo sviluppo dell'organizzazione rivoluzionaria, che si rivelò allora sotto forma di Brigate Internazionali. Le Brigate Internazionali, oltre a rappresentare l'ultima novità nella tecnica rivoluzionaria, furono una produzione notevole.

Furono reclutati tra criminali, avventurieri e imbroglioni, per lo più comunisti, provenienti da 52 Paesi diversi, trasportati misteriosamente e riuniti in formazioni in Spagna entro poche settimane dallo scoppio del disordine, con un abito strettamente legato al nostro abbigliamento da battaglia e armati di armi con la stella ebraica a cinque punte.

Questa stella e il Sigillo di Salomone si trovavano sugli anelli con sigillo degli ufficiali e dei sottufficiali di quest'orda comunista di criminali indisciplinati. Li ho visti io stesso indossati.

Nell'ottobre 1936 queste Brigate Internazionali erano già riunite in Spagna in numero considerevole. Per quanto fossero indisciplinate e scellerate, il semplice fatto che un esercito politico numeroso e ben armato intervenisse all'improvviso da una parte nelle prime fasi di una guerra civile, avrebbe potuto ragionevolmente far prendere una decisione prima che l'elemento patriottico e rispettabile del Paese avesse il tempo di creare un'adeguata macchina da combattimento.

Sebbene l'opinione pubblica britannica fosse tenuta all'oscuro del vero significato di ciò che stava accadendo in Spagna, due Paesi europei erano consapevoli della situazione. La Germania e l'Italia avevano sperimentato a loro volta le conseguenze della rivoluzione comunista e ne erano uscite vittoriose su questa più immonda delle piaghe terrene. Sapevano chi aveva finanziato e organizzato le Brigate Internazionali; e con quale scopo caduto in disgrazia Barcellona era stata dichiarata, nell'ottobre 1936, capitale degli Stati sovietici dell'Europa occidentale.

Nel momento critico essi [Hitler e Mussolini] intervennero in forze appena sufficienti a contrastare la Brigata Internazionale e a consentire al popolo spagnolo di organizzare il proprio esercito che, a tempo debito, risolse facilmente la questione. Risolta, cioè, per quanto riguarda la Spagna.

Tuttavia, c'era un altro accordo da raggiungere. L'ebraismo internazionale era stato seriamente ostacolato. Non si sarebbero più fermati finché non avessero avuto la loro vendetta; finché non avessero potuto, con le buone o con le cattive, rivolgere le armi del resto del mondo contro questi due Stati che, oltre a vanificare i loro progetti in Spagna, stavano per porre l'Europa su un sistema indipendente dall'oro e dall'usura che, se si fosse permesso loro di svilupparsi, avrebbe spezzato per sempre il potere ebraico.

GERMANIA CAMPANA IL GATTO

L'allarme urgente lanciato nel 1918 da Oudendyke nella sua lettera a Balfour, che denunciava il bolscevismo come un piano ebraico che, se non fosse stato fermato dall'azione congiunta delle potenze europee, avrebbe inghiottito l'Europa e il mondo, non era esagerato.

Alla fine di quell'anno la bandiera rossa veniva issata nella maggior parte delle grandi città d'Europa. In Ungheria l'ebreo Bela Kuhn organizzò e mantenne per qualche tempo una tirannia spietata e sanguinaria simile a quella russa. In Germania, gli ebrei Leibknecht, Barth, Scheidemann, Rosa Luxemburg, ecc. fecero una disperata corsa al potere. Queste e altre convulsioni simili scossero l'Europa; ma ogni Paese, a modo suo, si limitava a frustrare gli assalti.

Nella maggior parte dei Paesi interessati si levarono alcune voci nel tentativo di esporre la vera natura di questi mali. Solo in uno, tuttavia, sono sorti un leader e un gruppo politico che hanno colto appieno il significato di questi avvenimenti e hanno percepito dietro le folle di teppisti autoctoni l'organizzazione e la forza motrice dell'ebraismo mondiale.

Questo leader era Adolf Hitler e il suo gruppo il Partito Nazionalsocialista di Germania.

Mai prima d'ora, nella storia, nessun Paese aveva non solo respinto la rivoluzione organizzata, ma anche individuato l'ebraismo dietro di essa e affrontato il fatto. Non dobbiamo meravigliarci che le fogne della vituperazione ebraica siano state inondate da questi uomini e dal loro leader; né dobbiamo commettere l'errore di supporre che l'ebraismo si attaccherebbe a qualsiasi menzogna per dissuadere gli uomini onesti di tutto il mondo dall'indagare a fondo sui fatti.

Tuttavia, se qualcuno apprezza la libertà e si propone di cercare la verità e di difenderla, non può sottrarsi a questo dovere di indagine personale. Accettare senza riserve le menzogne e i travisamenti di una stampa controllata o influenzata dagli ebrei significa rifiutare la verità per pura pigrizia, se non per una ragione peggiore.

Agire su una base così poco verificata significa peccare contro la Luce.

Nel caso della Germania e di Hitler il compito della ricerca non è difficile. Molte autorità ci confermano che il libro di Hitler, *Mein Kampf*, riporta in modo completo e accurato le osservazioni e le conclusioni dell'autore su tutte queste questioni vitali.

Sono state deliberatamente diffuse immagini piuttosto false su questo libro, citando passaggi fuori dal loro contesto, distorcendo i significati e travisando del tutto. Avendo letto molte di queste diatribe senza scrupoli, con non poca sorpresa ho letto questo libro per conto mio non molto tempo fa.

Da molte conversazioni che ho ascoltato e a cui ho partecipato, mi rendo conto che la maggior parte del pubblico ignorava quanto me la vera natura di questo libro straordinario. Propongo quindi di cercare di dare un'immagine fedele del suo spirito e delle sue finalità attraverso citazioni dei suoi due temi principali: In primo luogo, la realizzazione e l'esposizione del piano ebraico per il marxismo mondiale; in secondo luogo, l'ammirazione e il desiderio di amicizia con la Gran Bretagna. Scrivendo dei giorni precedenti al 1914, Hitler afferma:

"Vedevo ancora l'ebraismo come una religione...

> Dell'esistenza di una deliberata ostilità ebraica non avevo alcuna concezione... Mi resi gradualmente conto che la stampa socialdemocratica era controllata in modo preponderante dagli ebrei... Non c'era un solo giornale con cui gli ebrei fossero collegati che potesse essere descritto come genuinamente nazionale... Mi impadronii di tutti i pamphlet socialdemocratici che riuscii a procurarmi e cercai i nomi dei loro autori: solo ebrei".

Proseguendo nello studio di queste questioni, Hitler iniziò a percepire i contorni principali della verità:

> "Lo Stato ebraico non ha mai avuto confini per quanto riguarda lo spazio; era illimitato per quanto riguarda lo spazio, ma vincolato dalla sua concezione di sé come razza. Quel popolo, quindi, è sempre stato uno Stato nello Stato... La dottrina ebraica del marxismo rifiuta il principio aristocratico in natura... nega il valore dell'individuo tra gli uomini, combatte l'importanza della nazionalità e della razza, privando così l'umanità dell'intero significato dell'esistenza".

> "La democrazia in Occidente oggi è il precursore del marxismo, che sarebbe inconcepibile senza la democrazia".

> "Se l'ebreo, con l'aiuto del suo credo marxiano, conquisterà le nazioni del mondo, la sua corona sarà la corona funebre della razza umana...".

Scrive dei giorni del 1918:

> "Così ho creduto che, difendendomi dai Giudei, sto facendo l'opera del Signore".

Alla fine del 1918 si verificò la rivoluzione in Germania, organizzata dietro l'esercito ininterrotto sul campo. A questo proposito Hitler scrisse:

"A novembre arrivarono dei marinai in camion e ci invitarono tutti alla rivolta; alcuni giovani ebrei furono i leader di quella lotta per la 'libertà, la bellezza e la dignità della nostra vita nazionale'. Nessuno di loro era mai stato al fronte".

"Il vero organizzatore della rivoluzione e il suo effettivo tiratore di fili è l'Ebreo Internazionale... La rivoluzione non è stata fatta dalle forze della pace e dell'ordine, ma da quelle della rivolta, della rapina e del saccheggio".

"Cominciavo a imparare di nuovo, e solo ora (1919) arrivavo a una giusta comprensione degli insegnamenti e delle intenzioni dell'ebreo Karl Marx. Solo ora ho capito bene il suo 'Kapital'; e anche la lotta della socialdemocrazia contro l'economia della nazione; e che il suo scopo è quello di preparare il terreno per il dominio del Kapital veramente internazionale". [Mentre tenevano la mano imperiale nella loro, l'altra mano stava già cercando il pugnale".

"Con l'ebreo non c'è contrattazione; c'è solo il duro 'o, o'". Più avanti Hitler illustra in modo molto dettagliato i contorni della macchina dirompente ebraica.

"Attraverso i sindacati, che avrebbero potuto essere la salvezza della nazione, l'ebreo distrugge in realtà l'economia della nazione".

"Creando una stampa al livello intellettuale dei meno istruiti, l'organizzazione politica e del lavoro ottiene una forza di costrizione che le permette di rendere gli strati più bassi della nazione pronti alle imprese più rischiose".

"La stampa ebraica... demolisce tutto ciò che può essere considerato il sostegno dell'indipendenza, della civiltà e dell'autonomia economica di una nazione. In particolare, ruggisce contro i personaggi che rifiutano di inginocchiarsi alla dominazione ebraica o le cui capacità intellettuali appaiono all'ebreo come una minaccia per se stesso".

"L'ignoranza dimostrata dalla massa... e la mancanza di percezione istintiva della nostra classe superiore rendono il popolo facile preda di questa campagna di menzogne ebraiche".

"Ma l'epoca attuale sta operando la sua stessa rovina; introduce il suffragio universale, parla di parità di diritti, ma non sa dare alcuna ragione per pensarlo. Ai suoi occhi le ricompense materiali sono l'espressione del valore di un uomo, distruggendo così la base della più nobile uguaglianza che possa esistere".

"Uno dei compiti del nostro Movimento è quello di prospettare un tempo in cui all'individuo sarà dato ciò di cui ha bisogno per vivere; ma anche di mantenere il principio che l'uomo non vive solo per il godimento materiale".

"Solo la vita politica di oggi ha persistentemente voltato le spalle a questo principio di natura" (cioè di qualità)..."

"La civiltà umana non è che il risultato della forza creativa della personalità nella comunità nel suo insieme, e specialmente tra i suoi leader... il principio della dignità della maggioranza sta cominciando ad avvelenare tutta la vita al di sotto di essa; e di fatto a disgregarla".

"Ora vediamo che il marxismo è la forma enunciata del tentativo ebraico di abolire l'importanza della personalità in tutti i settori della vita umana; e di istituire al suo posto la massa dei numeri...".

"Il principio della decisione a maggioranza non ha sempre governato il genere umano; al contrario, appare solo durante periodi abbastanza brevi della storia, e sono sempre periodi di decadenza delle nazioni e degli Stati".

> "Non dobbiamo dimenticare che l'ebreo internazionale, che continua a dominare sulla Russia, non considera la Germania come un alleato, ma come uno Stato destinato a subire un destino simile".

Nell'ultima pagina e quasi nell'ultimo paragrafo del Mein Kampf si legge quanto segue:

> "Il partito in quanto tale si batte per un cristianesimo positivo, ma non si lega in materia di credo a nessuna confessione particolare. Combatte lo spirito materialista ebraico dentro e fuori di noi".

Cercando in tutto il mondo un aiuto nella battaglia contro la terribile minaccia del bolscevismo di matrice ebraica, la mente di Hitler tornava costantemente alla Gran Bretagna e all'Impero britannico. Ha sempre desiderato la loro amicizia. Dichiarò sempre che la Gran Bretagna era uno dei maggiori baluardi contro il caos e che i suoi interessi e quelli della Germania erano complementari e non contrari.

Ha scritto:

> "Non era un interesse britannico, ma in primo luogo ebraico, distruggere la Germania". E ancora: "Anche in Inghilterra è in corso una lotta continua tra i rappresentanti degli interessi dello Stato britannico e la dittatura mondiale ebraica".

> "Mentre l'Inghilterra si affanna a mantenere la sua posizione nel mondo, l'ebreo organizza le sue misure per la sua conquista... Così l'ebreo oggi è un ribelle in Inghilterra, e la lotta contro la minaccia mondiale ebraica sarà iniziata anche lì".

> "Nessun sacrificio sarebbe stato troppo grande per ottenere l'alleanza dell'Inghilterra. Avrebbe significato la rinuncia alle colonie e all'importanza sul mare, e l'astensione dall'interferire con l'industria britannica

attraverso la concorrenza".

Negli anni successivi questi due temi vennero esposti incessantemente: la minaccia marxista ebraica e la voglia di amicizia con la Gran Bretagna. Fino a Dunkerque, Hitler fece pressione su quest'ultima idea su tutti e su ciascuno, persino sui suoi più alti generali, con loro grande stupore.

Né si fermò alle parole, come si vedrà in seguito quando, come ci informa Liddell Hart, salvò l'esercito britannico dall'annientamento fermando il Panzer Corps, informando nel frattempo i suoi generali che considerava l'Impero britannico e la Chiesa cattolica come necessari baluardi della pace e dell'ordine che dovevano essere salvaguardati.[9]

Prima ancora che uscisse dalle tipografie, le cateratte dell'odio e della menzogna ebraica si erano aperte in tutto il mondo contro Hitler e il Terzo Reich.

Le persone di lingua inglese sono state inondate ovunque di falsificazioni, distorsioni e storie di atrocità, che hanno affossato le voci dei pochi che comprendevano la situazione reale.

Nel tumulto fu dimenticato lo slogan di Marx secondo cui prima che il bolscevismo potesse trionfare, l'Impero britannico doveva essere distrutto; e totalmente soppressa, per quanto riguardava il popolo britannico, fu la ripetuta dichiarazione di Hitler di voler difendere l'Impero britannico se fosse stato chiamato ad aiutarlo con la forza delle armi, se necessario.

---

[9] *L'altro lato della collina*, cap. X, di Liddell Hart. Il Mein Kampf fu pubblicato per la prima volta nell'ottobre del 1933.

1933: L'EBRAISMO DICHIARA GUERRA

L'edizione inglese del *Mein Kampf* era ancora in fase di stampa e pubblicazione quando gli ebrei dichiararono guerra al regime nazionalsocialista e iniziarono un intenso blocco contro la Germania.

La Conferenza Internazionale di Boicottaggio Ebraico si riunì in Olanda nell'estate del 1933 sotto la presidenza di Samuel Untermeyer, degli Stati Uniti, che era stato eletto Presidente della Federazione Economica Ebraica Mondiale costituita per combattere l'opposizione agli ebrei in Germania.

Al suo ritorno negli Stati Uniti, Untermeyer tenne un discorso alla stazione W.A.B.C., il cui testo, stampato sul *New York Times* del 7 agosto 1933, ho davanti a me. Nelle frasi iniziali il signor Untermeyer ha fatto riferimento a:

> "La guerra santa per la causa dell'umanità in cui ci siamo imbarcati"; e ha continuato a sviluppare l'argomento a lungo, descrivendo gli ebrei come gli aristocratici del mondo. "Ognuno di voi, ebrei e gentili, che non si è già arruolato in questa guerra sacra[10] dovrebbe farlo ora e qui".

Gli ebrei che non si unirono a lui li denunciò, dichiarando:

---

[10] Come l'infinita guerra al "terrore" di oggi

"Sono traditori della loro razza".

Nel gennaio 1934 Jabotinsky, fondatore del sionismo revisionista, scrisse su *Natcha Retch*:

> "La lotta contro la Germania è stata portata avanti per mesi da ogni comunità ebraica, da ogni conferenza, da ogni organizzazione commerciale, da ogni ebreo del mondo... scateneremo una guerra spirituale e materiale di tutto il mondo contro la Germania".

Questa è forse l'affermazione più sicura esistente sulla pretesa ebraica, esposta nei *Protocolli di Sion*, di poter provocare la guerra. *Il Protocollo numero 7* afferma che:

> *"Dobbiamo essere in grado di rispondere a ogni atto di opposizione da parte di uno Stato con la guerra al suo vicino. Se questi dovessero azzardarsi a resistere collettivamente, con la guerra universale".*

Va ricordato che una copia di questi protocolli è stata depositata al British Museum nel 1906.

Nel 1938 la guerra degli ebrei era in pieno svolgimento, e già grazie alla loro influenza o alle loro pressioni molte persone e gruppi gentili venivano trascinati nel vortice. Diversi membri del Partito Socialista Britannico sostenevano apertamente di partecipare a questa guerra fredda; e una cricca vigorosa e intransigente stava crescendo in tutti i partiti sotto la guida dei signori Churchill, Amery, Duff, Cooper e altri.

"Hitler non avrà una guerra, ma sarà costretto ad averla, non quest'anno, ma più avanti", urlava l'ebreo Emil Ludwig nella copia di giugno di *Les Aniles* 1934.

Il 3 giugno 1938, un articolo dell'*American Hebrew*, l'organo settimanale dell'ebraismo americano, fece un ulteriore passo avanti. L'articolo, che si apriva dimostrando che Hitler non si era mai discostato dalla sua dottrina del Mein Kampf, proseguiva minacciando le più gravi ritorsioni.

> "È ormai evidente che una combinazione di Gran Bretagna, Francia e Russia prima o poi sbarrerà la marcia trionfale (di Hitler)...
>
> Per caso o per progetto, un ebreo ha raggiunto una posizione di primaria importanza in ognuna di queste nazioni. Nelle mani dei non ariani risiedono il destino e la vita stessa di milioni di persone...
>
> In Francia l'ebreo di spicco è Leon Blum... Leon Blum potrebbe essere il Mosè che guiderà...
>
> Maxim Litvinoff, supervenditore sovietico, è l'ebreo che siede alla destra di Stalin, il piccolo soldato di stagno del comunismo...
>
> L'ebreo inglese di spicco è Leslie Hore-Belisha, il nuovo capo di Tommy Atkins".

Più avanti in questo articolo leggiamo:

> "Così può accadere che questi tre figli di Israele formino la combinazione che manderà all'inferno il frenetico dittatore nazista. E quando il fumo della battaglia si diraderà... e l'uomo che ha interpretato il Christus con la svastica... sarà calato in un buco nel terreno... mentre il trio di non ariani intonerà un requiem ramificato... un medley di Marsigliese, God Save the King e l'Internazionale, che si fonderà con un'interpretazione fiera e aggressiva di Eli Eli".

Due punti dell'estratto di cui sopra sono degni di particolare nota. In primo luogo, si dà per scontato che questi tre ebrei non penseranno o agiranno per un solo momento come se fossero ebrei, e si può contare sul fatto che guideranno i loro ingannatori gentili alla rovina in una guerra chiaramente ebraica; in secondo luogo, va notato il riferimento sprezzante al "Christus con la svastica", che l'ebraismo non vede l'ora di seppellire, e che rivela con la sua classificazione l'odio ebraico per il cristianesimo.

Nel frattempo le pressioni ebraiche furono esercitate al massimo per fomentare scontri tra sudeti, cechi, polacchi e tedeschi.

Nel settembre del 1938 la situazione era giunta a un punto disperato. Chamberlain stesso si recò a Monaco e raggiunse lo storico accordo con Hitler. Sembrava che i guerrafondai fossero stati frustrati e che l'Europa fosse stata salvata. Raramente erano state evocate scene e manifestazioni di gioia e gratitudine spontanee come quelle che si verificarono in Gran Bretagna e in Europa in occasione di quel trionfo.

Chi conosceva il potere del nemico, tuttavia, sapeva che il lavoro di Chamberlain sarebbe stato sicuramente sabotato in tempi brevi. Ricordo di aver osservato, la sera stessa del suo ritorno da Monaco, che nel giro di una settimana tutti i giornali del Paese e i guerrafondai del Parlamento avrebbero attaccato Chamberlain per aver assicurato la pace, senza tenere conto del fatto che in questo modo si stavano sprezzantemente facendo beffe dei veri desideri del popolo. Questa osservazione era fin troppo vera, come dimostrarono gli eventi.

In nessun luogo la furia ebraica era così evidente come a Mosca. Ho davanti a me un volantino di mia ideazione pubblicato nell'ottobre 1938. Recita:

> "Siete consapevoli che il signor Chamberlain è stato bruciato in effigie a Mosca non appena si è saputo che aveva assicurato la pace, mostrando molto chiaramente chi ha voluto la guerra e chi sta ancora lavorando incessantemente per fomentare il conflitto in tutto il mondo".

Fallito il tentativo di provocare una guerra per i Sudeti e la Cecoslovacchia, restava solo il detonatore del Corridoio polacco, quella mostruosità nata dall'empia Conferenza di Versailles e denunciata da uomini onesti, dal maresciallo Foch ad Arthur Henderson, da quel momento in poi.

Una caratteristica della Conferenza di Versailles è stata tenuta segreta da coloro che hanno il potere di nascondere le cose al pubblico o di proclamarle dai piani alti. Si tratta di questo:

Tutte le decisioni importanti furono prese dai "Quattro Grandi" - Gran Bretagna, Francia, Italia e Stati Uniti, rappresentati rispettivamente da Lloyd George, Clemenceau, il Barone Sonino e il Presidente Wilson. Questo è quanto si sa. Quello che non si sa è che:

Il segretario di Lloyd George era l'ebreo Sassoon; quello di Clemenceau l'ebreo Mandel Rothschild, oggi noto come Mandel;

Il barone Sonino era per metà ebreo e il presidente Wilson aveva l'ebreo Brandeis;

L'interprete era un altro ebreo di nome Mantoux e il consigliere militare un altro ebreo di nome Kish.

È noto che il signor Lloyd George e altri erano confusi in materia di geografia. I loro segretari ebrei, invece, erano molto competenti in materia. Questi ebrei si riunivano la sera alle 18.00 e tracciavano le decisioni per la conferenza dei "Quattro Grandi" del giorno successivo.

I risultati furono disastrosi dal punto di vista di tutte le persone oneste, che speravano in un trattato onorevole, con termini che, per quanto severi, sarebbero stati almeno giusti e avrebbero garantito una pace duratura.

Lo stesso Foch denunciò a gran voce il trattato, dichiarando che conteneva gli elementi certi di un'altra guerra e deprecando in particolare le disposizioni relative a Danzica e al Corridoio.

Arthur Henderson e molti uomini pubblici si unirono alla denuncia, ma tutto fu inutile. Dal punto di vista degli uomini che stanno pianificando un'altra guerra, tuttavia, nulla avrebbe potuto essere migliore di questo trattato.

Nel suo testo era inscritta ogni sorta di palese ingiustizia. Oltre al Corridoio e alla posizione di Danzica, fu creato uno Stato bastardo, in cui tedeschi, slovacchi e altri, che costituivano la maggioranza del Paese, furono posti sotto il controllo tirannico della minoranza ceca, un elemento che si era schierato con gli ebrei bolscevichi e aveva combattuto contro gli Alleati nel 1918.

Il disegno di questo Stato era tale dal punto di vista geografico da essere definito, e correttamente, un pugnale puntato al cuore della Germania. Ricevette il nome stravagante di Cecoslovacchia.

L'intera vita industriale, dall'enorme arsenale Skoda in giù, era controllata da interessi bancari ebraici; mentre abbiamo la testimonianza di Lord Winterton che praticamente tutti i terreni erano ipotecati agli ebrei (Hansard, ottobre 1936).

Sotto questa dominazione messianica sono state ridotte in schiavitù enormi fasce di popolazione, appartenenti ad altre nazioni, d'ora in poi condannate a essere tenute in scacco con la forza fino a quando qualche Paese non sarebbe diventato abbastanza forte da farsene paladino.

Questa eventualità è stata, a mio avviso, immaginata e di fatto favorita, come sappiamo, dagli enormi prestiti concessi alla Germania da interessi bancari internazionali.

Non dimentichiamo che mentre i banchieri ebrei versavano denaro alla Germania, che stava ricostruendo la Wehrmacht su una scala più grande che mai, in questo Paese veniva lanciata una colossale campagna per la pace e il disarmo. Questa non solo riuscì a disarmarci in modo sostanziale, ma anche a creare un'atmosfera in cui il signor Baldwin dovette ammettere che non aveva il coraggio di andare a chiedere al Paese più armamenti, pur sapendo che le nostre esigenze in termini di forze marittime, aeree e terrestri erano fondamentali. [11]

Per chiunque abbia studiato, come ho fatto io, le personalità e i poteri che si celavano dietro questa cosiddetta propaganda di pace, non ci possono essere dubbi sull'origine della vera spinta e dei finanziamenti.

Chiunque apprezzi l'atteggiamento della stampa dell'epoca e si renda conto che se questa propaganda per il disarmo fosse stata sgradita a coloro che influenzano i nostri servizi pubblicitari, avrebbe scatenato un fiume di invettive contro i nostri "pacifisti"; c'è un'ulteriore prova che questa campagna aveva il sostegno dell'ebraismo internazionale, come il riarmo della Germania. Ma perché? I più semplici si chiederanno.

La risposta è abbastanza semplice, se si comprende lo scopo del piano ebraico.

> "Dall'ultima guerra abbiamo portato gli Stati sovietici della Russia; dalla prossima guerra porteremo gli Stati sovietici dell'Europa...".

era stato dichiarato in una riunione mondiale dei partiti comunisti intorno al 1932. Per rendere possibile la prossima guerra, quindi, l'equilibrio tra le due sponde deve essere nuovamente raggiunto: la forza tedesca deve essere rafforzata

---

[11] Il tutto, ovviamente, prima dell'ascesa di Hitler.

e quella britannica ridimensionata.

Poi gli europei potranno combattere tra loro fino alla morte di uno e al completo esaurimento dell'altro.

Una sorpresa drammatica è in serbo per entrambe le parti. Nessuno dei due sarà il vero vincitore. Il vero vincitore è un esercito ben diverso. Questo esercito è quello che riceverà la vera attenzione. Per 25 anni sarà costruito in condizioni di massima segretezza. I suoi leader mostreranno la loro forza solo quando il conflitto sarà ben avviato.

Solo in un momento critico della guerra gli eserciti europei potranno immaginare l'esistenza delle enormi fabbriche[12] al di là degli Urali, o le proporzioni colossali delle orde pesantemente meccanizzate che cominceranno a rotolare verso ovest sull'Europa sotto la bandiera rossa del marxismo.

Nel marzo del 1939 Chamberlain fornì una garanzia britannica alla Polonia sulla base di una falsa notizia secondo cui la Germania aveva consegnato ai polacchi un ultimatum di 48 ore.

Questa notizia si rivelò in seguito del tutto falsa. Tuttavia, la garanzia era stata data e la decisione di pace o guerra non era più nelle mani degli inglesi. L'ebraismo aveva la palla al piede. Possiamo dubitare che la Polonia sia stata incoraggiata a ignorare la nota tedesca di marzo, che esponeva suggerimenti eminentemente ragionevoli per una soluzione pacifica del problema del Corridoio?

---

[12] Queste "enormi fabbriche" e le "proporzioni colossali delle orde pesantemente meccanizzate" sono merito del popolo americano, attraverso il Lend Lease Act, attuato prima che gli americani venissero risucchiati in quella guerra e minuziosamente descritto nei Diari del Maggiore Jordan (George Racey Jordan).

Mese dopo mese la Polonia non rispondeva alla nota tedesca. Nel frattempo, insulti e oltraggi si verificavano con una frequenza sospetta lungo tutta la frontiera tedesca, in modo simile alla tecnica che gli ebrei avrebbero poi presentato agli inglesi in Palestina.

Giorno dopo giorno l'opinione pubblica britannica fu inondata di propaganda bellica e di travisamenti della situazione. Alla fine le loro menti sono state chiuse contro ogni ulteriore considerazione delle richieste della giustizia o della ragione da un nuovo slogan,

"Non ci si può fidare della parola di Hitler".

Con questa menzogna l'opinione pubblica britannica fu finalmente spinta a gettare al vento ogni ragione e giudizio e ad accettare al valore nominale la propaganda bellica della stampa.

Questo slogan si basava su un travisamento dell'assicurazione data da Hitler in più di un'occasione dopo un "putsch" come quello dei Sudeti, che "non intendeva avanzare ulteriori richieste".

Il travisamento risiedeva nel fatto che la stampa ha costantemente oscurato il fatto principale, ossia che le "richieste" a cui Hitler si riferiva avevano un carattere quinquennale e riguardavano le cinque aree sottratte alla Germania da una pace dettata in cui la popolazione era in maggioranza tedesca, ossia i Sudeti, parte della Cecoslovacchia, parti della Polonia, il Corridoio e Danzica.

Man mano che le truppe tedesche occupavano ogni sezione successiva, credo sia corretto affermare che Hitler dichiarò di non avere ulteriori richieste da avanzare. Ma qui va detto chiaramente, nell'interesse della giustizia, che egli non ha mai detto che questo comportava una riduzione delle richieste che aveva originariamente delineato molto chiaramente e ripetuto in molte occasioni, ossia le cinque aree in questione.

L'opinione pubblica britannica è stata illusa dalla stampa di supporre che quando Hitler ha detto di non avere altre richieste, non ci sia mai stata una dichiarazione delle sue richieste complete, alcune delle quali erano ancora insoddisfatte. È stata indotta a credere che Hitler non avesse mai avuto altre richieste, oppure che avesse abbandonato le altre non appena ne aveva ottenute alcune.

Quando, quindi, è stata aggiunta la puntata successiva, la stampa ha costruito su questo equivoco l'idea che non ci si potesse fidare della parola di Hitler. Un commercio onesto non ha bisogno di questi trucchi e inganni. Questi metodi sono necessari solo per sostenere cause sbagliate o ingiuste.

Fortunatamente abbiamo il giudizio calmo e spassionato in materia di una persona come Lord Lothian, recentemente ambasciatore britannico negli Stati Uniti, che nel suo ultimo discorso a Chatham House ha osservato:

"Se il principio dell'autodeterminazione fosse stato applicato a favore della Germania, come è stato applicato contro di lei, avrebbe significato la restituzione al Reich dei Sudeti, della Cecoslovacchia, di parti della Polonia, del Corridoio polacco e di Danzica". Questa è una presentazione del caso molto diversa da quella che fu propinata al pubblico britannico nel 1939; ed è quella vera. Non c'è da meravigliarsi se questi fatti dovevano essere nascosti al cittadino comune.

Se l'opinione pubblica britannica si fosse resa conto della verità, cioè che ognuna di queste richieste di Hitler poggiava su una base di ragionevole equità, il popolo di quest'isola avrebbe escluso qualsiasi questione di guerra; ed era la guerra, non la verità o la giustizia, la base su cui l'ebraismo internazionale era deciso.

"GUERRA DEL TELEFONO" CONCLUSA DA BOMBARDAMENTI CIVILI

Sebbene nel settembre del 1939 fosse stato dichiarato lo stato di guerra tra Gran Bretagna e Germania, divenne presto evidente che la Germania non stava conducendo alcuna guerra contro questo Paese.

Questo non fu una sorpresa per coloro che conoscevano i fatti del caso. Hitler aveva chiarito più volte che non intendeva attaccare o danneggiare la Gran Bretagna o l'Impero britannico. Con la Linea di Sigfrido saldamente tenuta e nessuna intenzione tedesca di apparire a ovest di essa, lo stallo a ovest, o la "guerra falsa", come venne chiamata, doveva, in assenza di bombardamenti sulle popolazioni civili, alla fine esaurirsi del tutto.

Nessuno è stato più veloce a percepire questo fatto dei fautori della guerra ebraica; e loro e i loro amici all'interno e all'esterno della Camera dei Comuni hanno iniziato molto presto a esercitare pressioni per l'avvio di questa forma di bombardamento della Germania.

Il 14 gennaio 1940, *il Sunday Times* diede risalto a una lettera di un corrispondente anonimo, che chiedeva di sapere perché non stavamo usando la nostra potenza aerea "per aumentare l'effetto del blocco".

"Scrutator", nello stesso numero, ha commentato questa lettera come segue:

> "Una tale estensione dell'offensiva si trasformerebbe inevitabilmente in una spaventosa competizione. Potrebbe esserci imposta come rappresaglia per un'azione nemica, e noi dobbiamo essere in grado di compiere rappresaglie se necessario. Ma il bombardamento di città industriali, con la sua inevitabile perdita di vite umane tra la popolazione civile - ecco a cosa si arriverebbe - sarebbe incoerente con lo spirito, se non con le parole effettive degli impegni presi da entrambe le parti all'inizio della guerra".

La citazione sopra riportata è tratta da un libro intitolato *Bombing Vindicated*, pubblicato nel 1944 da J. M. Spaight, C. B., C.B.E., che durante la guerra era il principale assistente segretario del Ministero dell'Aria. Come suggerisce il titolo, questo libro è un tentativo di giustificare l'uso indiscriminato dei bombardieri contro la popolazione civile. In esso Spaight si vanta che questa forma di bombardamento "ha salvato la civiltà": e rivela il fatto sorprendente **che fu la Gran Bretagna a iniziare questa spietata forma di guerra la sera stessa del giorno in cui Churchill divenne Primo Ministro, l'11 maggio 1940.**

A pagina 64 del suo libro, Spaight fornisce un'ulteriore informazione, che rende ancora più sorprendente questo improvviso cambiamento della politica britannica; egli afferma infatti che i governi britannico e francese dichiararono, il 2 settembre 1939, che

> "Verrebbero bombardati solo obiettivi strettamente militari nel senso più stretto del termine".

Questa dichiarazione, ovviamente, è stata fatta nei giorni della Premiership di Chamberlain; e nessun singolo fatto potrebbe forse delimitare e differenziare più chiaramente la differenza di carattere e di comportamento tra Chamberlain e Churchill.

Il 27 gennaio 1940, tredici giorni dopo la lettera del *Sunday Times* già citata, *il Daily Mail* appoggiò editorialmente le opinioni espresse in quel numero da "Scrutator"; e dedicò un articolo di punta, scrive il signor Spaight, a combattere il suggerimento del signor Amery e di altri di iniziare a bombardare la Germania.

Sir Duff Cooper aveva scritto il giorno precedente sullo stesso giornale che

> "Sembra che esista una sorta di tregua non scritta tra i due belligeranti, secondo i cui termini taciti non si bombardano a vicenda".

Alla luce della dichiarazione di Gran Bretagna e Francia del 2 settembre 1939, secondo cui avrebbero "bombardato solo obiettivi militari nel senso più stretto del termine", le parole di Sir Duff Cooper su "una sorta di tregua non scritta" mi sembrano gravemente oscurantiste, seppure oneste.

All'interno della Camera dei Comuni, i fautori della guerra stavano diventando sempre più intransigenti e sempre più intenzionati a sabotare le possibilità di trasformare la "finta guerra" in una pace negoziata. Questo nonostante il fatto che la Gran Bretagna non avesse nulla da guadagnare da una guerra ulteriore e totale, e tutto da perdere.

Gli ebrei, ovviamente, avevano tutto da perdere da una pace che lasciasse intatto il sistema monetario tedesco senza oro e il governo senza ebrei, e nulla da guadagnare.

Mi sembrava ogni giorno più chiaro che questa lotta sulla questione dei bombardamenti sui civili era il nocciolo dell'intera questione; e che solo con questo metodo di guerra gli ebrei e i loro alleati avrebbero potuto tagliare il nodo gordiano dello stallo che portava alla pace; e probabilmente in seguito a un attacco congiunto al bolscevismo ebraico in Russia.

Di conseguenza, il 15 febbraio 1940, ho presentato la seguente interrogazione al Primo Ministro: Il capitano Ramsay chiese al Primo Ministro:

> "Può assicurare all'Assemblea che il governo del Regno Unito non acconsentirà ai suggerimenti che gli sono stati fatti, per abbandonare i principi che li hanno portati a denunciare i bombardamenti sulle popolazioni civili in Spagna e altrove, e intraprendere essi stessi una simile politica?".

Lo stesso Chamberlain rispose in termini schietti:

> "Non sono a conoscenza dei suggerimenti a cui si riferisce il mio onorevole e valoroso amico. La politica del governo di H.M. in questa materia è stata pienamente esposta da me in risposta a un'interrogazione dell'onorevole deputato di Bishop Auckland (Mr Dalton) il 14 settembre scorso.
>
> Nel corso di quella risposta ho detto che, a prescindere da ciò che altri possono fare, il governo del Regno Unito non ricorrerà mai all'attacco deliberato di donne e bambini, e di altri civili, a scopo di mero terrorismo. Non ho nulla da aggiungere a quella risposta".

Sia l'interrogazione che la risposta erano evidentemente di estremo disgusto per i guerrafondai, così decisi di portare la questione a un livello superiore. Il 21 febbraio ho presentato un'altra interrogazione sull'argomento: Il capitano Ramsay chiese al Primo Ministro:

> "E' a conoscenza del fatto che gli aerei sovietici stanno portando avanti una campagna di bombardamenti sulle popolazioni civili e se il governo del Regno Unito ha inviato proteste sull'argomento simili a quelle inviate durante la guerra civile in Spagna in circostanze simili?".

Il signor Butler ha risposto per il Primo Ministro:

"Sì, signore. Le forze aeree sovietiche hanno perseguito una politica di bombardamenti indiscriminati, che non può essere condannata con troppa fermezza. Il governo del Regno Unito, tuttavia, non ha presentato alcuna protesta, poiché purtroppo non ci sono motivi per supporre che tale azione possa raggiungere il risultato desiderato".

Non c'è dubbio che queste due risposte così dirette abbiano cristallizzato la volontà dei guerrafondai di sbarazzarsi di un Primo Ministro la cui adesione a una politica retta e umana doveva inevitabilmente frustrare i loro piani, visto che **Hitler non desiderava una guerra con la Gran Bretagna e quindi non avrebbe mai iniziato a bombardare i civili**.

La macchina degli intrighi e delle ribellioni contro Chamberlain fu messa in moto. Alla fine gli fu addossata la colpa dell'errore in Norvegia e questo pretesto fu usato dal caucus churchilliano-socialista per assicurarsi la sua caduta.

Va ricordato a questo proposito che prima e durante la scommessa della Norvegia, **Churchill era stato investito di pieni poteri e responsabilità per tutte le operazioni militari navali e aeree; e se qualcuno meritava quindi di essere rotto per quella seconda Gallipoli** (perseguita in barba alle alte autorità navali che avvertivano che, senza il controllo del Cattegat e dello Skaggerack, non avrebbe potuto avere successo) **doveva essere il Ministro responsabile**.

Tuttavia, egli non solo non era stato interrotto, ma era stato acclamato Primo Ministro. L'uomo che avrebbe strappato la promessa britannica del 2 settembre 1939 e avrebbe iniziato a bombardare i civili della Germania era l'uomo dei guerrafondai che ora dominavano il pollaio.

E così i bombardamenti civili [da parte dell'Inghilterra] **iniziarono la sera in cui l'architetto del fiasco norvegese divenne Primo Ministro, cioè l'11 maggio, 1940.**

DUNKIRK E DOPO

Il capitano Liddell Hart, eminente critico militare, scrisse un libro sugli eventi militari del 1939-45, pubblicato nel 1948 e intitolato *The Other Side of the Hill*.

Il capitolo 10 - che tratta dell'invasione tedesca della Francia fino a Dunkerque - ha un titolo un po' sorprendente: "Come Hitler ha battuto la Francia e salvato la Gran Bretagna".

La lettura del capitolo in sé sbalordirà tutte le persone accecate dalla propaganda, anche più del titolo: perché l'autore dimostra che non solo Hitler ha salvato questo Paese, ma che questo non è stato il risultato di qualche fattore imprevisto, o di indecisione, o di follia, ma è stato un proposito preciso, basato sul suo principio a lungo enunciato e fedelmente mantenuto.

Dopo aver raccontato come Hitler abbia fermato perentoriamente il Panzer Corps il 22 maggio, e lo abbia tenuto inattivo per i giorni vitali, fino a quando, di fatto, le truppe britanniche si erano allontanate da Dunkerque, il capitano Liddell Hart cita il telegramma di Hitler a Von Kleist:

> "Le divisioni corazzate devono rimanere a medio raggio di artiglieria da Dunkerque. Il permesso è concesso solo per movimenti di ricognizione e di protezione".

Von Kleist decise di ignorare l'ordine, ci dice l'autore. Per citare ancora una volta le sue parole:

"Poi arrivò un ordine più deciso: dovevo ritirarmi dietro il canale. I miei carri armati rimasero fermi lì per tre giorni".

Nelle parole che seguono l'autore riporta una conversazione avvenuta il 24 maggio (cioè due giorni dopo) tra Herr Hitler e il maresciallo Von Runstedt, e due uomini chiave del suo staff:

"Ci ha poi stupito parlando con ammirazione dell'Impero britannico, della necessità della sua esistenza e della civiltà che la Gran Bretagna ha portato nel mondo...

Paragonò l'Impero britannico alla Chiesa cattolica, dicendo che erano entrambi elementi essenziali per la stabilità del mondo. Disse che tutto ciò che voleva dalla Gran Bretagna era che riconoscesse la posizione della Germania sul continente.

La restituzione delle colonie tedesche perdute sarebbe auspicabile, ma non essenziale, ed egli si offrirebbe persino di sostenere la Gran Bretagna con delle truppe, se dovesse essere coinvolta in qualche difficoltà in qualsiasi luogo.

Concludeva dicendo che il suo obiettivo era quello di fare la pace con la Gran Bretagna, su una base che lei avrebbe ritenuto compatibile con il suo onore accettare".

Il capitano Liddell Hart commenta quanto sopra come segue:

"Se l'esercito britannico fosse stato catturato a Dunkerque, il popolo britannico avrebbe potuto sentire che il suo onore aveva subito una macchia che doveva essere cancellata. Lasciandola fuggire, Hitler sperava di conciliarli. Questa convinzione del motivo più profondo di Hitler fu confermata dal suo atteggiamento stranamente dilatorio nei confronti dei successivi piani per l'invasione dell'Inghilterra".

"Ha mostrato scarso interesse per i piani", ha detto

> Blumentritt, "e non ha fatto alcuno sforzo per accelerare la preparazione. Questo era completamente diverso dal suo comportamento abituale. Prima dell'invasione della Polonia, della Francia e poi della Russia, li aveva ripetutamente spronati; ma in questa occasione se ne stava seduto".

L'autore prosegue:

> "Dal momento che il resoconto della sua conversazione a Charleville, e del successivo trattenimento, proviene da una parte dei generali, che da tempo diffidavano della politica di Hitler, ciò rende la loro testimonianza ancora più degna di nota".

E poi continua a dire:

> "È significativo che il loro resoconto dei pensieri di Hitler sull'Inghilterra nell'ora decisiva prima di Dunkerque sia in linea con quanto egli stesso aveva scritto in precedenza nel Mein Kampf; ed è notevole quanto egli abbia seguito da vicino la sua stessa Bibbia in altri aspetti".

Chiunque abbia letto il Mein Kampf apprezzerà immediatamente l'accuratezza di questa affermazione. Anzi, semmai è un eufemismo. In quel libro straordinario scorrono due temi principali, come ho mostrato in un capitolo precedente: l'uno, una dettagliata delineazione e denuncia della macchina capitalista-rivoluzionaria ebraica; l'altro, l'ammirazione e il desiderio di amicizia con la Gran Bretagna e l'Impero.

È davvero un peccato che così poche persone in quest'isola abbiano letto personalmente questo libro; ed è una tragedia che abbiano invece ingoiato all'ingrosso le distorsioni senza scrupoli e la propaganda non veritiera sull'argomento, servita loro dalla macchina pubblicitaria ebraica, che opera attraverso la nostra stampa e la radio.

Che queste persone provino a procurarsi una copia di quel libro; e quando scoprono di non poterlo fare, riflettano sul fatto che se il suo contenuto confermasse le menzogne che sono state raccontate su di esso e sul suo autore, i poteri che stanno dietro alla nostra pubblicità farebbero in modo che tutti possano procurarsene una copia al prezzo più basso possibile.

In ogni caso, invito i miei connazionali a riflettere seriamente sui seguenti fatti.

L'ebreo Karl Marx affermò che il bolscevismo non avrebbe mai potuto avere veramente successo finché l'Impero britannico non fosse stato completamente distrutto.

Hitler affermò che l'Impero britannico era un elemento essenziale di stabilità nel mondo; e si dichiarò persino pronto a difenderlo con le sue truppe, se fosse stato coinvolto in difficoltà ovunque.

Grazie a una propaganda senza scrupoli e su scala senza precedenti, questo Paese è stato indotto a distruggere coloro che volevano essere suoi amici e che hanno offerto la loro vita per difenderlo; e a esaltare coloro che hanno proclamato che la sua distruzione era un preliminare necessario per il successo della loro ideologia, perdendo così il suo Impero e la sua indipendenza economica.

LA FORMA DELLE COSE CHE VERRANNO

Se la nuova conoscenza dell'ansia di Hitler di preservare l'Impero Britannico è stata recentemente una sorpresa per molte persone in questo Paese, deve sicuramente essere stato un vero shock per loro apprendere che **il Presidente Roosevelt**, d'altra parte, era un suo inveterato nemico; che non solo era un filo-comunista di origine ebraica, ma che prima di portare l'America in guerra aveva chiarito che desiderava distruggere l'Impero Britannico.

Il figlio, il colonnello Elliot Roosevelt, chiarisce quest'ultimo punto nel suo libro *As He Saw It*, recentemente pubblicato negli Stati Uniti.

Alle pagine da 19 a 28 di questo libro, il colonnello Roosevelt racconta che nell'agosto del 1941 suo padre, dopo aver fatto credere al popolo americano che sarebbe partito per una battuta di pesca, si recò in realtà a un incontro con il signor Churchill a bordo di una nave da guerra nella baia di Argentia.

Erano presenti Lord Beaverbrook, Sir Edward Cadogan e Lord Cherwell (il professor Lindeman di dubbia razza e nazionalità), oltre a Mr. Averell Harriman.

A pagina 35 cita le parole di suo padre,

> "Dopo la guerra... ci dovrà essere la massima libertà di commercio possibile... nessuna barriera artificiale".

Churchill si riferì agli accordi commerciali dell'Impero britannico e Roosevelt rispose:

> "Sì. Gli accordi commerciali dell'Impero sono un esempio. È grazie ad essi che i popoli dell'India, dell'Africa e di tutto il Vicino Oriente coloniale sono ancora così arretrati...
>
> Non posso credere che possiamo combattere una guerra contro la schiavitù fascista e allo stesso tempo non lavorare per liberare i popoli di tutto il mondo da una politica coloniale arretrata".

"La pace", ha detto con fermezza il Padre, "non può includere un dispotismo continuato".

Questa insolenza nei confronti dell'Impero Britannico divenne così pronunciata che a pagina 31 il colonnello Roosevelt riporta le parole di Churchill,

> "Signor Presidente, credo che lei stia cercando di eliminare l'Impero britannico".

Questo commento era molto vicino al bersaglio, poiché il Presidente aveva parlato di India, Birmania, Egitto, Palestina, Indocina, Indonesia e di tutte le colonie africane che dovevano essere "liberate".

A pagina 115, il colonnello riporta le parole del padre:

> "Non pensare nemmeno per un momento, Elliot, che gli americani starebbero morendo nel Pacifico stasera se non fosse stato per la miope avidità di francesi, inglesi e olandesi. Vogliamo permettere loro di rifare tutto da capo?".

Tuttavia, non erano affatto queste le ragioni addotte per la guerra e per le quali gli americani pensavano di morire; né il

Presidente fa alcun riferimento ai pretesti forniti ai suoi connazionali per la guerra.

Agli inglesi, che muoiono in numero maggiore, è stato invece detto che stanno morendo per difendere il loro Impero dai piani malvagi di Hitler. Non sospettano che è il loro cosiddetto alleato a pianificare la sua distruzione.

A pagina 116 si legge che il Presidente ha detto:

> "Quando avremo vinto la guerra, farò in modo che gli Stati Uniti non siano costretti a fare piani che aiutino o favoriscano l'Impero britannico nelle sue ambizioni imperialiste".

E qualche pagina dopo:

> "Ho cercato di far capire a Winston e agli altri... che non devono mai farsi l'idea che siamo qui solo per aiutarli ad aggrapparsi alle idee arcaiche e medievali dell'Impero".

Chi mangia con il diavolo ha bisogno di un lungo cucchiaio. Il signor Churchill, il sedicente "costante architetto del futuro degli ebrei", si trovava ora a fare da secondo piano rispetto a un architetto ancora più fidato; così eminente, infatti, da non avere alcuna sciocca pretesa di rispetto per l'Impero britannico.

Il primo Mosè, Karl Marx, aveva denunciato l'Impero già da tempo e, nel 1941, erano solo gli sciocchi oppositori dell'ebraismo e del marxismo, come Herr Hitler, ad essere ansiosi di sostenere l'Impero, perché lo riconoscevano come un baluardo della civiltà cristiana.

Sebbene, come abbiamo visto, in questo libro Churchill si mostri di tanto in tanto un po' petulante per le dichiarazioni del Presidente sulla liquidazione dell'Impero, ciò non gli impedì di annunciarsi più tardi alla Camera dei Comuni come "ardente luogotenente di Roosevelt".

In quali circostanze particolari il Primo Ministro del Re potesse essere un ardente luogotenente di un Presidente repubblicano, il cui disegno era quello di distruggere l'Impero di quel Monarca, Churchill non lo ha spiegato, né lo ha ancora fatto. In un'altra occasione, Churchill fece un'osservazione altrettanto criptica. Ha assicurato alla Camera dei Comuni,

> "Non fa parte dei miei compiti presiedere alla liquidazione dell'Impero britannico".

No, infatti! Né faceva parte dei suoi doveri, quando gli fu detto che doveva essere liquidato, dichiararsi ardente luogotenente dell'aspirante liquidatore. Né, aggiungiamo noi, quando era Ministro della Difesa, con codici dell'Ammiragliato e altri codici a sua disposizione, rientrava nei suoi doveri di luogotenente di Chamberlain, anche se non molto ardente, condurre una corrispondenza personale come quella che intrattenne con il Presidente Roosevelt per mezzo del codice top secret del Ministero degli Esteri americano.

A. M. RAMSAY

IL RUOLO DEL PRESIDENTE ROOSEVELT

Nella mia dichiarazione allo Speaker e ai membri della Camera dei Comuni sulla mia detenzione (vedi Appendice 1) ho riassunto, alla fine della prima parte, le considerazioni che mi hanno portato a ispezionare le carte segrete dell'Ambasciata americana nell'appartamento del signor Tyler Kent nelle ultime settimane della Premiership del signor Chamberlain.

Le prime due di queste sei considerazioni erano le seguenti:

Insieme a molti membri di entrambe le Camere del Parlamento, ero pienamente consapevole del fatto che tra le agenzie, sia qui che all'estero, che si erano attivamente impegnate nel promuovere i malumori tra Gran Bretagna e Germania, l'ebraismo organizzato, per ovvie ragioni, aveva svolto un ruolo di primo piano.

Sapevo che gli Stati Uniti erano il quartier generale degli ebrei e quindi il centro reale, anche se non apparente, delle loro attività. Solo nel 1948 mi giunsero prove corroboranti di quanto sopra da fonti americane ineccepibili; ma quando giunsero, il carattere autentico e pienamente documentato del lavoro non lasciava nulla a desiderare.

Mi riferisco al libro del professor Charles Beard intitolato *President Roosevelt and the Coming of the War 1941*, pubblicato dalla Yale University Press nell'aprile del 1948. Questo libro, che si presenta con tutta l'autorità del suo eminente autore, non è altro che un tremendo atto d'accusa contro il Presidente Roosevelt su tre questioni principali.

In primo luogo, si è fatto eleggere sulla base di ripetute promesse, secondo le quali avrebbe tenuto gli Stati Uniti fuori da qualsiasi guerra europea; in secondo luogo, ha incessantemente e palesemente disatteso non solo le promesse fatte al popolo americano, ma anche tutte le leggi sulla neutralità; in terzo luogo, in un momento predeterminato ha deliberatamente convertito questa guerra fredda, che stava conducendo, in una guerra di fuoco, inviando ai giapponesi un ultimatum, che nessuno poteva immaginare potesse sfociare in qualcosa di diverso dalla guerra immediata.

Tra i molti esempi forniti in merito alla prima questione, ne cito uno:

> A Boston, il 30 ottobre 1940, egli (F.D.R.) fu ancora più enfatico, poiché dichiarò: "L'ho già detto prima, ma lo ripeterò ancora e ancora e ancora: I vostri ragazzi non saranno mandati in nessuna guerra straniera";

E il 29 dicembre :

> 'Potete quindi inchiodare qualsiasi discorso sull'invio di eserciti in Europa come una deliberata falsità'".

Il professor Beard continua a dimostrare che mentre Roosevelt faceva questi discorsi, trattava le leggi internazionali sulla neutralità con totale disprezzo e nell'interesse solo di coloro che combattevano le battaglie degli ebrei. Le due principali forme di intervento non sparatorie furono il convogliamento delle navi statunitensi di munizioni e rifornimenti per gli alleati e il Lend Lease Act.

Qualunque sia il nostro sentimento nell'apprezzare l'aiuto degli arsenali e della marina degli Stati Uniti in queste due decisioni di Roosevelt in materia di guerra fredda, nessuno può pretendere che esse siano state in accordo con i suoi impegni verso il popolo americano o con i fondamenti del diritto internazionale in materia di neutralità.

Il Congresso si è espresso in modo molto chiaro su questi atti del Presidente. Il rappresentante U. Burdick, del Nord Dakota, ha detto:

> "Tutti i nostri aiuti alla Gran Bretagna possono significare qualsiasi cosa... Vendere le sue forniture è una cosa... vendere le sue forniture e convogliarle è un'altra cosa, avere una guerra vera e propria è l'ultima cosa - l'ultima cosa è inevitabile dalla prima!".

Il rappresentante Hugh Paterson, della Georgia, ha dichiarato:

> "È una misura di guerra aggressiva".

Il rappresentante Dewey Short, del Missouri, ha dichiarato:

> "Non si può essere a metà in guerra e a metà fuori dalla guerra... Si può vestire questa misura a piacimento (Lend-Lease), si può cospargerla di profumo e versarci sopra della cipria... ma è pur sempre una porcheria e puzza di bruciato".

Il rappresentante Philip Bennett, del Missouri, ha dichiarato:

> "Questa conclusione è ineluttabile: il Presidente è favorevole a un intervento militare attivo se tale intervento è necessario per sconfiggere l'Asse in questa guerra.

Ma i nostri ragazzi non saranno mandati all'estero, dice il Presidente.

Sciocchezze, signor Presidente; già ora si stanno costruendo le loro cuccette nelle nostre navi da trasporto. Anche ora i cartellini per l'identificazione dei morti e dei feriti vengono stampati dalla ditta William C. Ballantyne and Co. di

Washington".

Il professor Beard dimostra a lungo il terzo punto, mostrando come al momento opportuno il presidente Roosevelt abbia costretto i giapponesi alla guerra con un ultimatum che richiedeva il rispetto immediato di condizioni che non avrebbero mai potuto essere accettate da nessun Paese. "Il memorandum che il senatore Hull, con l'approvazione del presidente Roosevelt, consegnò al Giappone il 26 novembre 1941... rappresentava i termini massimi di una politica americana per tutto l'Oriente", scrive il professor Beard, e prosegue:

> Non occorreva una profonda conoscenza della storia, delle istituzioni e della psicologia giapponese per affermare che nessun gabinetto giapponese, "liberale o reazionario", avrebbe potuto accettare le disposizioni".

E ancora più tardi:

> "L'agente giapponese considerava il memorandum americano come una sorta di ultimatum. Questo almeno sapeva il segretario Hull il 26 novembre ".

In questo modo si concluse il periodo di massimo intervento, a meno di una guerra armata, e si creò la possibilità per Roosevelt di spedire i ragazzi statunitensi oltreoceano senza apparentemente infrangere lo spirito delle sue numerose promesse.

Man mano che la guerra procedeva, la vera politica e le simpatie del Presidente diventavano sempre più evidenti. Il suo inganno nei confronti degli inglesi e dei loro alleati non era meno flagrante di quello nei confronti del popolo americano.

Come sottolinea il professor Beard a pagina 576:

> "I nobili principi delle Quattro Libertà e della Carta

> Atlantica sono stati praticamente abbandonati negli insediamenti che hanno accompagnato il progresso e seguito la conclusione della guerra.
>
> La validità di questa affermazione è testimoniata dal trattamento riservato ai popoli di Estonia, Lituania, Polonia, Romania, Jugoslavia, Cina, Indocina, Indonesia, Italia, Germania e altri luoghi della terra".

È evidente che qualche grande forza motrice era all'opera per indurre un Presidente degli Stati Uniti ad agire in questo modo.

Abbiamo visto nel capitolo precedente che non era la conservazione dell'Impero britannico, né di quello francese, né di quello olandese a influenzare il Presidente. Al contrario, egli aveva consigliato al suo ardente luogotenente, il signor Churchill, in una fase iniziale della guerra fredda, che questi dovevano essere liquidati.

Non era l'Europa, né i Paesi europei, né le loro libertà, né i diritti sanciti dalla Carta atlantica delle quattro libertà a pesare su di lui.

Oggi sappiamo che gli eserciti britannico e americano furono effettivamente fermati dal generale Ike Eisenhower in base alle disposizioni di Roosevelt alla Conferenza di Yalta, in modo che l'Armata Rossa del bolscevismo ebraico potesse invadere mezza Europa e occupare Berlino.

Per citare ancora una volta il professor Beard:

> "Come conseguenza della guerra chiamata necessaria per rovesciare il dispotismo di Hitler, un altro dispotismo è stato innalzato a un livello più alto di potere".

In conclusione, il professor Beard condensa le numerose accuse al Presidente esposte nel suo libro in 12 capi d'accusa principali e dichiara:

> "Se questi precedenti devono rimanere inalterati e fornire sanzioni per la continuazione degli affari dell'America - la Costituzione può essere annullata dal Presidente e dai funzionari che hanno prestato giuramento e hanno l'obbligo morale di sostenerla.
>
> Al governo limitato sotto la legge suprema possono sostituire un governo personale e arbitrario - il primo principio del sistema totalitario contro il quale si sostiene che sia stata combattuta la Seconda Guerra Mondiale -, mentre si parla del principio del governo costituzionale".

Quando riflettiamo sugli stupefacenti contenuti del libro del professor Beard e li consideriamo insieme alle rivelazioni contenute in *As He Saw It* del colonnello Roosevelt, sorge spontanea la domanda: chi e quali interessi non ha tradito il Presidente Roosevelt.

A questa domanda vedo solo una risposta, ovvero quelle persone e i loro interessi che hanno pianificato fin dall'inizio l'uso degli arsenali e delle forze statunitensi per portare avanti una guerra che avrebbe annientato un'Europa che si era **liberata dall'oro ebraico** e dal controllo rivoluzionario: persone che hanno pianificato di dissolvere l'Impero britannico, di creare catene di debiti impagabili con cui costringere la Gran Bretagna a questo scopo, e di permettere ai sovietici di "dominare l'Europa come un colosso", in altre parole, l'Ebraismo internazionale.[13]

---

[13] Queste stesse parole sono state usate dal generale Smuts, che ha aggiunto di accogliere con favore tale prospettiva. Va ricordato che il generale Smuts è stato in passato il principale consulente legale dell'Organizzazione sionista in S. Africa.

REGOLAMENTO 18B

Il 23 maggio 1940, nei primi quindici giorni di presidenza Churchill, molte centinaia di cittadini britannici, in gran parte ex militari, furono improvvisamente arrestati e messi in prigione in base al Regolamento 18B.

Per alcuni giorni l'intera stampa ha condotto una campagna vorticosa, in crescendo, contro una presunta quinta colonna in questo Paese, che si diceva fosse in attesa di aiutare i tedeschi al loro sbarco.

La falsità di questa campagna è dimostrata dal fatto che i nostri competenti servizi segreti non hanno mai prodotto la più piccola prova di una simile cospirazione, né prove di un piano o di un ordine ad essa relativo, né la complicità in tale impresa di un singolo uomo arrestato.[14]

Se tali prove fossero state disponibili, le persone coinvolte sarebbero state senza dubbio accusate e processate, e molto opportunamente. Ma non c'è stato un solo caso di un uomo arrestato ai sensi del 18B che fosse un suddito britannico, che

---

[14] Mentre leggete questo articolo, considerate le bugie sulle presunte armi di distruzione di massa stoccate da Saddam Hussein, per giustificare il massacro in Iraq. Non c'erano, altrimenti sarebbero state usate, giusto? E ricordate il commento di G.W. Bush all'inizio, quando dichiarava la "guerra al terrorismo": "Se non siete per noi, siete contro di noi". Così chi si oppone alla guerra infinita viene sospettato e accusato di essere un terrorista. Più le cose cambiano, più rimangono uguali.

sia stato così accusato.

Quattro accuse furono effettivamente formulate contro una signora, la moglie di un illustre ammiraglio, la signora Nicholson. Fu processata da un giudice e da una giuria e assolta da tutti i capi d'accusa. Questo però non le impedì di essere arrestata all'uscita del tribunale, di essere assolta e di essere rinchiusa nella prigione di Holloway in base al regolamento 18B, dove rimase per anni.

Il Regolamento 18B fu originariamente introdotto per far fronte ad alcuni membri dell'I.R.A., che stavano commettendo una serie di insensati atti di violenza minore a Londra. Senza questo regolamento, nessun signore di Sua Maestà nel Regno Unito poteva essere arrestato e tenuto in prigione per sospetto.

Questa pratica era stata abbandonata da tempo in questo Paese, tranne che in brevi periodi di cospirazione gravemente provata, e in quelle occasioni l'Habeas Corpus veniva sempre sospeso.

Il 18B permetteva di far rivivere il processo medievale di arresto e detenzione per sospetto senza la sospensione dell'Habeas Corpus. Si trattava, di fatto, di un ritorno al sistema delle Lettres de Cachet, con cui nella Francia pre-rivoluzionaria le persone venivano consegnate alla Bastiglia.

A questo proposito, va ricordato che queste persone godevano di rapporti sociali completi con le loro famiglie e potevano disporre di domestici, piatti, biancheria, cibo e bevande mentre erano in carcere; un trattamento molto diverso da quello riservato alle persone detenute ai sensi del 18B, il cui trattamento per qualche tempo è stato poco diverso da quello dei criminali comuni e, di fatto, peggiore di quello dei detenuti in custodia cautelare.

Queste offese dell'I.R.A. erano così fatue di per sé e così apparentemente prive di significato, in un momento in cui non esistevano differenze nette tra questo Paese e lo Stato Libero d'Irlanda, che iniziai a fare una serie di indagini.

Non fui sorpreso di scoprire che membri speciali dell'I.R.A. erano stati arruolati per commettere questi oltraggi e che erano praticamente tutti comunisti.

Ho saputo da un'ottima autorità che il Left Book Club di Dublino si era occupato attivamente della questione; alla fine mi sono stati messi in mano i nomi di 22 di questi uomini e, sempre da un'ottima autorità, sono stato informato che erano **tutti comunisti**.

Subito dopo aver ricevuto queste informazioni, ho presentato un'interrogazione al Ministro degli Interni e mi sono offerto di fornire le informazioni necessarie se la questione fosse stata presa in considerazione. Le mie rimostranze non hanno avuto seguito. **Da questi oltraggi di ispirazione comunista, tuttavia, è scaturito il Regolamento 18B.**[15]

Sebbene l'I.R.A. sia stata addotta come scusa alla Camera per un regolamento, quasi nessuno dei suoi membri è mai stato arrestato in base ad esso; ma a tempo debito è stato utilizzato per arrestare e detenere per 4 o 5 anni, senza alcuna accusa, molte centinaia di sudditi britannici, il cui unico denominatore comune era l'opposizione al potere ebraico su questo Paese in generale, e il suo sforzo per spingerlo in una guerra per interessi puramente ebraici in particolare.

Ora il comunismo è controllato dagli ebrei.

Se l'ebraismo marxista aveva bisogno di uno strumento per ottenere l'assenso del parlamento a un regolamento come il 18B, quale metodo più semplice per raggiungere l'obiettivo, senza destare sospetti sul reale **secondo fine**, se non quello di

---

[15] E oggi abbiamo il Patriot Act degli Stati Uniti, con gli stessi metodi e per lo stesso motivo. Per soffocare la verità e i sostenitori della verità.

organizzare alcuni membri comunisti dell'I.R.A. per piazzare bombe nei guardaroba delle stazioni di Londra?

Si suppone che in questo Paese tutti abbiano diritto alla propria opinione; inoltre, quando non possiamo fornire prove assolute, possiamo dire con il Ministro degli Interni, come faccio qui, che ho "ragionevoli motivi per credere" che questa sia la vera storia dietro l'emanazione del Regolamento 18B.

Quando la clausola fu introdotta per la prima volta in Parlamento, la formulazione originale stabiliva chiaramente che il Ministro degli Interni avrebbe avuto il potere di detenere persone di nascita e origine britannica "se avesse ritenuto che" tale detenzione fosse necessaria. Questa terminologia era, almeno, chiarissima.

Non era previsto alcun altro parere o controllo sulla discrezionalità personale e assoluta del Ministro degli Interni: un ritorno, di fatto e nella sostanza, alle Lettres de Cachet e alla Star Chamber. La Camera dei Comuni si rifiutò assolutamente di accettare una clausola del genere, o di cedere i suoi poteri di supervisione e le sue responsabilità di custode dei diritti e delle libertà dei cittadini a qualsiasi individuo, sia esso Ministro del Gabinetto o meno.

Il Governo dovette quindi ritirare la frase incriminata e presentò un secondo progetto per l'approvazione alcuni giorni dopo. In questa nuova bozza, redatta, come si sforzarono di spiegare i portavoce del governo, in conformità con gli espliciti desideri della Camera, era stata introdotta la necessaria salvaguardia dalla tirannia arbitraria dell'esecutivo.

Le parole "Il Ministro dell'Interno è convinto che" sono state sostituite da "Ha ragionevoli motivi per credere che".

In questa occasione i portavoce del governo spiegarono a lungo che questa formulazione forniva la salvaguardia richiesta. I membri del Parlamento furono indotti a credere che i loro desideri avessero prevalso e che sarebbero stati loro a giudicare cosa fosse o meno "Motivo ragionevole" per il mantenimento della detenzione (come fu dimostrato nei dibattiti successivi), e un'Assemblea piuttosto inquieta approvò la clausola in questa forma e su questa base.

Due anni dopo, quando l'avvocato di un detenuto del 18B ha sostenuto in tribunale questa tesi e ha chiesto una sorta di ventilazione del caso del suo cliente davanti ai membri del Parlamento o a una Corte, niente meno che il Procuratore Generale stesso ha sostenuto, a nome del governo, che le parole "Ha ragionevole motivo di credere che" significano esattamente la stessa cosa di "È convinto che".

Per quanto riguarda i tribunali, la questione è stata archiviata, anche se è stata oggetto di un commento molto severo da parte di un eminente Law Lord.

Io stesso sono stato arrestato in base a questo regolamento il 23 maggio 1940 e rinchiuso nella prigione di Brixton, dove sono rimasto in cella fino al 26 settembre 1944, senza che venisse mossa alcuna accusa nei miei confronti, ricevendo solo una breve notifica dal Ministero degli Interni in quest'ultima data che l'ordine di detenzione era stato "revocato".

Poco dopo il mio arresto mi fu consegnato un documento di "particolari" addotti come motivi della mia detenzione. Ho risposto ad esse durante un giorno di interrogatorio da parte del cosiddetto Comitato Consultivo, davanti al quale non ho potuto chiamare alcun testimone, non sapevo chi fossero i miei accusatori, né le accuse che avevano mosso, e non mi è stata concessa l'assistenza di un avvocato.

Questi particolari, insieme alla mia risposta dettagliata a ciascuno di essi, sono stati riportati nella parte II di una dichiarazione che ho fornito in seguito al Presidente e ai membri della Camera dei Comuni; e si trovano nell'appendice di questo libro. Essi si basavano sull'affermazione falsa che il mio atteggiamento anticomunista fosse fasullo e una copertura per attività sleali.

Quanto questa calunnia fosse falsa può essere facilmente dimostrato dai miei precedenti dieci anni di attacchi incessanti al comunismo, sia con interrogazioni e discorsi alla Camera dei Comuni che fuori.

CHI OSA?

La mattina successiva al mio rilascio dalla prigione di Brixton, mi recai alla Camera dei Comuni alla mia solita ora delle 10.15; un'azione che sembrò suscitare non poca sorpresa. Non passò molto tempo prima che gli ebrei e i loro amici fossero sulle mie tracce e su quelle del Right Club.

Una serie di domande provocatorie apparvero presto sul foglio d'ordine; ma, come Gallio che, quando i Giudei presero Sostene e lo picchiarono davanti al seggio del Giudizio, "non si curò di queste cose", non diedi segno di interesse. I giornalisti delle Gallerie della Stampa si sono quindi attivati per cercare di estrarre da me almeno alcuni dei nomi contenuti nel "Libro Rosso" dei membri del Right Club.

Ora, i nomi dei membri del Club della Destra nel Libro Rosso, come hanno strillato i giornali, sono stati mantenuti strettamente privati, con l'unico scopo di evitare che i nomi fossero conosciuti dagli ebrei. L'unica ragione di questa riservatezza era il desiderio espresso dai membri stessi.

Per me, personalmente, la segretezza dei nomi è stata solo uno svantaggio. Facilitava ogni tipo di travisamento da parte dei miei nemici; la pubblicazione dei nomi mi sarebbe stata di grande aiuto in ogni modo. L'unico motivo per cui tanti membri hanno deciso di aderire è stato il fondato timore di ritorsioni ebraiche di natura grave.

Ricordo in particolare la conversazione su questo argomento con uno di questi giornalisti della sala stampa della Camera dei

Comuni. Era un giovane affascinante e particolarmente insistente. Non potrei lasciargli solo alcuni dei nomi? Gli ho detto:

> "Supponiamo che il suo nome sia stato tra quelli del Libretto Rosso; e supponiamo che, in barba alla promessa che le avevo fatto di non rivelarlo, io abbia proceduto a comunicarlo alla stampa; e a fornire quella prova certa che lei era un membro di una società che lottava contro il dominio ebraico sulla Gran Bretagna: non avrebbe mantenuto il suo lavoro con il suo giornale per sei mesi".

"Non dovrei tenerlo per sei minuti", fu la pronta risposta.

"Esattamente", risposi. "Ora capisce perché non posso darle il nome di nemmeno un membro del Club della Destra dal Libro Rosso. Lei stesso conferma le loro peggiori paure".

Molte centinaia di poveri si trovano oggi in questa situazione; anzi, centinaia è solo una questione di espressione. Il numero reale deve essere prodigioso. Quanti, ci si potrebbe chiedere, possono permettersi di correre il rischio per il loro sostentamento che comporta il far sapere che sono consapevoli della morsa ebraica e che sono pronti ad opporvisi.

Persino i magnati più ricchi e influenti del Paese non osano sfidare l'ira dell'ebraismo organizzato, come dimostra la storia delle azioni di controllo del *Daily Mail* alle pagine 6 e 7 della mia dichiarazione al Presidente della Camera.

Ciò è avvenuto non solo in Gran Bretagna, ma forse in modo ancora più evidente negli Stati Uniti, come dimostrano i diari del defunto James Forrestal.

I Diari di Forrestal, pubblicati dalla Viking Press di New York nel 1951, mi sono pervenuti solo in occasione della stampa di questo libro. Provengono da un uomo di grande integrità, che fu Sottosegretario alla Marina degli Stati Uniti dal 1940 e

Segretario alla Difesa dal 1947 fino alle sue dimissioni e alla sua morte sospetta pochi giorni dopo, nel marzo 1949, e sono di estrema importanza. La rivelazione più importante è datata 27 dicembre 1945 (pagine 121 e 122):

> "Oggi ho giocato a golf con Joe Kennedy (Joseph P. Kennedy, che fu ambasciatore di Roosevelt in Gran Bretagna negli anni immediatamente precedenti la guerra). Gli ho chiesto delle sue conversazioni con Roosevelt e Neville Chamberlain a partire dal 1938. Ha detto che la posizione di Chamberlain nel 1938 era che l'Inghilterra non aveva nulla con cui combattere e che non poteva rischiare di entrare in guerra con Hitler.
>
> L'opinione di Kennedy: Che Hitler avrebbe combattuto la Russia senza alcun conflitto successivo con l'Inghilterra se non fosse stato per l'esortazione di Bullitt (William C. Bullitt - un mezzo ebreo - allora ambasciatore in Francia) a Roosevelt nell'estate del 1939 che i tedeschi dovevano essere affrontati riguardo alla Polonia; né i francesi né gli inglesi avrebbero fatto della Polonia una causa di guerra se non fosse stato per le continue sollecitazioni da parte di Washington.
>
> Bullitt, ha detto, continuava a dire a Roosevelt che i tedeschi non avrebbero combattuto, Kennedy che lo avrebbero fatto e che avrebbero invaso l'Europa. Chamberlain, a suo dire, affermò che l'America e gli ebrei del mondo avevano costretto l'Inghilterra a entrare in guerra".

Se le informazioni di Forrestal sugli impulsi alla base della recente guerra avevano bisogno di una conferma, l'hanno già avuta dalle dichiarazioni esplicite di Oswald Pirow, ex ministro della Difesa sudafricano, che ha dichiarato all'Associated Press il 14 gennaio 1952, a Johannesburg:

> "Chamberlain gli aveva detto di essere sottoposto a forti pressioni da parte dell'ebraismo mondiale per non

accogliere Hitler".

La seconda rivelazione più importante dei Diari di Forrestal riguarda il sionismo. Dalle annotazioni emerge chiaramente che nel dicembre 1947 Forrestal era molto preoccupato per l'intervento dei sionisti nella politica americana. Egli registra conversazioni con il signor Byrnes e il senatore Vandenberg, il governatore Dewey e altri, nel tentativo di sollevare la questione della Palestina dalla politica di partito. Da questo momento in poi sembra che abbia fatto continui sforzi per raggiungere questo obiettivo.

Il Diario registra il 3 febbraio 1948 (pagine 362 e 363):

> "Alla visita odierna di Franklin D. Roosevelt Jr., che si è espresso a favore di uno Stato ebraico in Palestina, ho fatto notare che le Nazioni Unite non avevano ancora preso alcuna 'decisione', che si trattava solo di una raccomandazione dell'Assemblea Generale e che ritenevo che i metodi utilizzati da persone esterne al ramo esecutivo del governo per esercitare coercizione e costrizione su altre nazioni in seno all'Assemblea Generale rasentassero lo scandalo...
>
> Ho detto che stavo semplicemente indirizzando i miei sforzi per sollevare la questione dalla politica, cioè per far sì che i due partiti concordassero di non competere per i voti su questo tema.
>
> Egli disse che ciò era impossibile, che la nazione era troppo impegnata e che, inoltre, il Partito Democratico sarebbe stato destinato a perdere e i Repubblicani a guadagnare da un tale accordo.
>
> Gli dissi che ero costretto a ripetere ciò che avevo detto al senatore McGrath in risposta all'osservazione di quest'ultimo che il nostro mancato accordo con i sionisti avrebbe potuto farci perdere gli Stati di New York, Pennsylvania e California - che ritenevo fosse giunto il

> momento che qualcuno prendesse in considerazione la possibilità di non perdere gli Stati Uniti".

Dopo una breve nota dell'Editore dei Diari, la voce relativa al 3 febbraio 1948 continua (pagina 364):

> "Ho pranzato con il signor B. M. Baruch. Dopo pranzo gli ho posto la stessa domanda. Mi ha consigliato di non essere attivo in questa particolare questione e che ero già identificato, in una misura che non era nel mio interesse, con l'opposizione alla politica delle Nazioni Unite sulla Palestina".

Fu in questo periodo che la stampa e i periodici statunitensi lanciarono una campagna di calunnie e diffamazioni senza precedenti contro Forrestal. Questo sembra averlo colpito a tal punto che nel marzo 1949 si dimise dalla carica di Segretario alla Difesa degli Stati Uniti e il 22 dello stesso mese fu trovato morto in seguito a una caduta da una finestra molto alta.

EPILOGO

Sarò sempre grato ai molti deputati che hanno reso il mio ritorno in Aula molto più facile di quanto sarebbe potuto essere, con i loro saluti immediati e il loro atteggiamento amichevole.

Temo che molti, le cui azioni in Aula e fuori sono state rilevate o riferite ai rappresentanti della stampa, si siano ritrovati vittime di una vendetta all'interno dei loro colleghi elettorali e della stampa per questo specifico motivo.

Quando riflettiamo su questi sanguinosi avvenimenti dall'epoca di re Carlo I ai giorni nostri, possiamo finalmente trovare un solo motivo di soddisfazione, se questa parola può essere in qualche modo appropriata. È che per la prima volta possiamo rintracciare le influenze di fondo che spiegano queste orribili sfigurazioni della storia europea.

Alla luce delle conoscenze attuali, possiamo ora riconoscere e comprendere il vero significato di questi terribili avvenimenti. Invece di semplici eventi scollegati tra loro, possiamo ora discernere l'opera spietata di un piano satanico; e vedendo e comprendendo, siamo in grado di prendere provvedimenti in futuro per salvaguardare tutti quei valori che amiamo e per i quali ci battiamo, e che quel piano cerca chiaramente di distruggere.

Possiamo finalmente iniziare a contrastare i pianificatori e gli operatori di quel piano, conoscendo il piano e la sua tecnica, che finora erano noti solo a loro. In altre parole, se siamo stati avvertiti in anticipo, è colpa nostra se non siamo stati armati in anticipo.

Non dimentichiamo parole come quelle dell'ebreo Marcus Eli Ravage, che scrisse sul *Century Magazine* U.S.A. nel gennaio 1928:

> "Siamo rimasti indietro non solo all'ultima guerra, ma a tutte le vostre guerre; e non solo a quella russa, ma a tutte le vostre rivoluzioni degne di essere menzionate nella vostra storia".

Né vanno dimenticate quelle del professor Harold Laski, che scrisse *sul New Statesman e sul Nation* l'11 gennaio 1942:

> "Perché questa guerra è nella sua essenza solo un'immensa rivoluzione in cui la guerra del 1914, la rivoluzione russa e le contro-rivoluzioni sul continente sono fasi precedenti".

Né l'avvertimento dell'eminente avvocato, editore e reporter ebreo-americano Henry Klein, lanciato solo l'anno scorso:

> "I Protocolli sono il piano con cui un manipolo di ebrei, che compongono il Sinedrio, mira a governare il mondo distruggendo prima la civiltà cristiana".

> "Non solo i Protocolli sono autentici, a mio parere, ma sono stati quasi interamente realizzati".

Sono stati in effetti ampiamente realizzati; non pochi ringraziamenti ebraici sono dovuti a Roosevelt e al suo "ardente luogotenente", il sedicente "architetto del futuro ebraico".

Nel processo, tuttavia, la Gran Bretagna e il suo Impero e, peggio ancora, il suo buon nome e il suo onore sono stati ridotti in polvere. Come ha scritto il professor Beard:

"I nobili principi delle Quattro Libertà e della Carta Atlantica sono stati in pratica scartati negli accordi che hanno accompagnato il progresso e seguito la conclusione della guerra. La validità di questa affermazione è testimoniata dal trattamento riservato ai popoli di Estonia, Lituania, Polonia, Romania, Jugoslavia, Cina, Indocina, Indonesia, Italia, Germania e altri luoghi della terra".

Recentemente è apparso sulla stampa il grido della signora Chiang Kai Shek che definisce la Gran Bretagna un "debole morale" (in riferimento alla Cina). Si dice che abbia detto:

"La Gran Bretagna ha barattato l'anima di una nazione per pochi pezzi d'argento... Un giorno questi pezzi d'argento avranno un interesse nel sangue, nella fatica, nel sudore e nelle lacrime britanniche sul campo di battaglia della libertà".

Potrebbe essere lo stesso generale Sikorski a parlare, o no? Nello stesso giornale ho visto che il signor Jackson Martindell, presidente dell'American Institute of Management, ha dichiarato che,

"La parola di un inglese non è più il suo vincolo".

Quante volte l'ho sentito dire da fonti arabe dal 1939? Martindell ha continuato,

"Odio dirlo, ma la Gran Bretagna sta diventando povera moralmente oltre che economicamente".

Dalla Polonia alla Palestina e alla Cina, queste parole sono state ripetute e ribadite dalla sezione ebraica di questo Paese per molti anni.

Il motivo non è lontano da ricercare. Nessun uomo può servire due padroni, soprattutto quando i principi e gli interessi di questi due padroni sono così ampiamente divergenti come quelli della Gran Bretagna e del suo Impero, e dell'Ebraismo e del suo Impero, l'URSS.

Dalla caduta del governo di Chamberlain, gli interessi dell'Impero ebraico sono avanzati in modo prodigioso, così come quelli della Gran Bretagna e del suo Impero sono stati eclissati.

E, cosa ancora più strana, se qualcuno osa affermare la verità in termini chiari, l'unica risposta è l'accusa di antisemitismo. Come ha chiaramente dimostrato Douglas Reed, il termine "antisemitismo" è una sciocchezza priva di significato - e come egli stesso suggerisce potrebbe anche essere chiamato "antisemolina".

Gli arabi sono semiti e nessun cosiddetto "antisemita" è antiarabo. Non è nemmeno corretto dire che è antiebraico. Al contrario, egli sa meglio dei disinformati che una buona parte degli ebrei non è coinvolta in questa cospirazione.

L'unico termine corretto per il termine improprio di "antisemita" è "ebreo-saggio". È infatti l'unico termine corretto e onesto.

L'espressione "antisemita" è solo una parola di propaganda usata per spingere il pubblico non pensante a scartare l'intero argomento dalla propria mente senza alcun esame: finché ciò sarà tollerato, questi mali non solo continueranno, ma si aggraveranno.

I "saggi ebrei" sanno che in Gran Bretagna abbiamo un "Imperium in Imperio" ebraico che, a dispetto di tutte le proteste e i camuffamenti, è innanzitutto ebraico e all'unisono con il resto dell'ebraismo mondiale. Se qualcuno ne dubita, basta leggere il documento *Unity in Dispersion*, pubblicato nel 1948 dal Congresso ebraico mondiale, che proclama l'ebraismo come un'unica nazione.

Non tutti gli ebrei qui desiderano essere trascinati in questa stretta tirannia sociale; ma a meno che questo Paese non offra loro una via di fuga, non osano correre il rischio - molto grave - di sfidarla: e così sono costretti a collaborare in qualche misura.

Ancor peggio, alcuni gentili senza una buona scusa sostengono questa forza unita, che a sua volta viene usata per influenzare o controllare i nostri partiti politici, la politica interna ed estera, la stampa e la vita pubblica.

Questo empio fronte unito deve essere smascherato e vanificato. Un passo verso questo obiettivo sembrerebbe essere, in primo luogo, la promulgazione di una legge che impedisca agli Esaus gentili di prestare le loro mani per l'esecuzione di ordini pronunciati dalla voce di Jacobs ebreo.

Un altro: il distacco dal Fronte Unito Ebraico degli ebrei che non vogliono sottoscrivere i dettami del Congresso Ebraico Mondiale. Prima di tutto, però, è necessario informare le persone di buona volontà sulla verità della questione, soprattutto per quanto riguarda la vera anatomia, gli obiettivi e i metodi del nemico marxista.

È a tal fine che offro umilmente il contenuto di questo libro a tutti coloro che sono determinati a combattere il comunismo.

DICHIARAZIONE

Dichiarazione del capitano Ramsay dalla prigione di Brixton al Presidente della Camera e ai membri del Parlamento in merito alla sua detenzione ai sensi del paragrafo 18B del Regolamento della Difesa.

Tutti i particolari addotti come motivo della mia detenzione si basano sull'accusa che il mio atteggiamento e le mie attività di opposizione al comunismo, al bolscevismo e alla politica dell'ebraismo organizzato non fossero autentici, ma solo un camuffamento per disegni anti-britannici.

Nel seguente memorandum, che potrebbe essere notevolmente ampliato, ho fornito un minimo di fatti, che dimostrano che non solo il mio atteggiamento era genuino, aperto e invariato durante tutto il periodo trascorso alla Camera dei Comuni, ma che nel corso delle mie ricerche avevo accumulato numerosi e inoppugnabili fatti che confermavano tale atteggiamento e che portavano logicamente alla formazione del Right Club, un'organizzazione essenzialmente patriottica.

Per tutto il periodo in cui sono stato deputato (dal 1931) ho continuato ad attaccare apertamente e senza sosta il bolscevismo e i suoi alleati. In effetti, avevo già iniziato questa opposizione molto prima di diventare deputato.

L'indagine che segue lo dimostrerà; e anche la formazione finale del Right Club come risultato logico del mio lavoro.

Questo lavoro si articola in tre fasi.

Durante la prima, che va da poco dopo la Rivoluzione russa fino al 1935 circa, supponevo che i poteri dietro il bolscevismo fossero russi; nella seconda (1935-38) ho capito che erano internazionali: Nella terza fase, mi resi conto che erano ebrei.

FASE I

Per me è sempre stato un mistero, durante la Fase I, il motivo per cui i russi spendessero così tanto tempo e denaro per le attività rivoluzionarie in Gran Bretagna.

Il mio primo passo attivo è stato quello di intervenire alle elezioni rese famose dalla pubblicazione sul *Daily Mail* della lettera scritta da Zinoviev alias Apfelbaum, che invitava alla rivoluzione in Gran Bretagna. (Ho parlato contro il bolscevismo e nella divisione di Northwich).

Dopo essere stata eletta nel 1931, sono entrata a far parte del Comitato per il commercio russo, che vigila sulle loro attività qui. Mi sono anche unito al Consiglio del Movimento Cristiano di Protesta, fondato per protestare contro gli oltraggi commessi dai bolscevichi nei confronti di sacerdoti, suore e chiese cristiane. L'Hansard dimostrerà che in questo periodo ho fatto molte domande, attaccando le loro attività in questo Paese.

FASE II

Nella Fase II, ho riconosciuto che le forze dietro al bolscevismo non erano russe, ma internazionali.

Ho cercato di immaginare la composizione di quel misterioso organismo, il Comintern, sul quale, secondo le risposte alle mie interrogazioni parlamentari, il governo sovietico non poteva esercitare alcun controllo.

Nell'ultima parte di questa fase avevo fatto progressi sufficienti con questa immagine mentale del Comintern, tanto da farne l'argomento di una serie di discorsi che tenni ai Rotary

Club e ad altre società di Londra, Edimburgo e altrove, intitolandoli spesso "Ali rosse sull'Europa".

Questa seconda fase durò fino alla guerra civile spagnola. Riconoscendo quasi subito la colpevolezza del Comintern in tutta la vicenda, fino alla Brigata Internazionale, lo attaccai continuamente con un flusso di interrogazioni in Parlamento.

L'atteggiamento dell'intera stampa nazionale britannica mi ha dapprima stupito, e in seguito ha contribuito a illuminarmi, sui veri poteri che si celavano dietro la Rivoluzione Mondiale. **La stampa presentava i nemici del generale Franco come riformatori liberali e protestanti, invece che come rivoluzionari internazionali anti-Dio.**

Funzionari della Cheka russa erano in realtà responsabili delle prigioni della parte rossa. McGovern ha stabilito tutti i fatti principali nel suo pamphlet, *Terrore rosso in Spagna*.

In quel periodo organizzai sfilate di uomini sandwich per denunciare le colpe bolsceviche in Spagna, assistetti un giornale chiamato *The Free Press* e feci tutta la propaganda possibile. Circa ottanta o novanta deputati si iscrissero in un momento o nell'altro a questi sforzi.

Nel settembre 1937 accettai la presidenza del Comitato del Fronte Cristiano Unito, per conto di Sir Henry Lunn.

In seguito molte migliaia di lettere furono inviate a mia firma a persone importanti del Regno, per informarle dei veri fatti della guerra in Spagna e per esortare i cristiani di tutte le comunità a unirsi alla lotta contro il Terrore Rosso senza Dio, che minacciava allora la Spagna e in seguito tutta l'Europa, Gran Bretagna compresa.

Diverse società patriottiche iniziarono a collaborare regolarmente con me in questo lavoro contro il bolscevismo, tra cui la National Citizens' Union, la British Empire League, la Liberty Restoration League e la Economic League. Ci riunimmo regolarmente in una sala della Camera dei Comuni.

Nel maggio 1936, quando mi sono opposto all'ingresso in questo Paese di agenti del Comintern per la partecipazione al cosiddetto Congresso dei Senza Dio, ci siamo uniti all'Unione Biblica Britannica, all'Ordine del Fanciullo e alla Federazione Mondiale Britannica di Israele.

Dalle informazioni fornitemi da queste società, mi resi conto che il precedente Congresso dei Senza Dio, tenutosi a Praga, aveva riunito sotto un controllo unificato tutte le società nazionali dei Liberi Pensatori, che ora erano sotto l'autorità dei Senza Dio Militanti della Russia, e costituivano quindi un'arma sottile e potente per la propaganda bolscevica.

Nelle nostre riunioni per coordinare l'opposizione, abbiamo tutti convenuto che, sebbene fosse forse diritto degli uomini e delle donne britannici tenere un Congresso su qualsiasi argomento, questa libertà non doveva essere interpretata come una licenza per i rivoluzionari internazionali di sviluppare i loro piani per la distruzione della vita religiosa, sociale e pubblica del nostro Paese.

Il 28 giugno, pertanto, ho presentato una proposta di legge intitolata ALIENS' RESTRICTION (BLASPHEMY) BILL, per impedire agli stranieri di partecipare a questo Congresso o di farne l'occasione per distribuire la loro letteratura blasfema.

Il progetto di legge è stato approvato in prima lettura con 165 voti favorevoli e 134 contrari. Per la Lobby del No erano presenti i signori Rothschild, G. R. Strauss, T. Levy, A. M. Lyons, Sir F. Harris, D. N. Pritt, W. Gallacher, il dottor Haden Guest e il dottor Summerskill.

Nell'**autunno del 1938** venni a conoscenza del fatto che il potere dietro la Rivoluzione Mondiale non era solo un vago corpo di internazionalisti, ma l'ebraismo mondiale organizzato.

Il primo documento che mi ha convinto è stato in realtà un Libro Bianco del governo britannico, di cui non conoscevo l'esistenza. Questo citava testualmente un estratto di un rapporto ricevuto da Balfour il 19 settembre 1918 da Oudendyke, il Ministro olandese a Pietrogrado, che all'epoca era responsabile degli interessi britannici in quel paese, come segue:

> "Il pericolo è ora così grande che sento il dovere di richiamare l'attenzione del governo britannico e di tutti gli altri governi sul fatto che, se non si pone fine al bolscevismo in una sola volta, la civiltà del mondo intero sarà minacciata. Non si tratta di un'esagerazione, ma di un dato di fatto...
>
> Ritengo che l'immediata soppressione del bolscevismo sia il problema più grande che il mondo si trova ad affrontare, senza escludere la guerra che sta ancora infuriando, e se non viene stroncato immediatamente sul nascere, il bolscevismo è destinato a diffondersi in Europa e in tutto il mondo in una forma o nell'altra, poiché è organizzato e operato da ebrei, che non hanno nazionalità e il cui unico obiettivo è distruggere per i propri fini l'ordine delle cose esistente. L'unico modo per scongiurare questo pericolo sarebbe un'azione collettiva da parte di tutte le Potenze".

Quasi altrettanto degno di nota è stato il fatto che il Libro Bianco è stato immediatamente ritirato e sostituito da un'edizione ridotta, dalla quale sono stati eliminati questi passaggi fondamentali. Mi sono stati mostrati i due Libri Bianchi, l'originale e l'edizione ridotta, uno accanto all'altro.

Il secondo documento di cui venni a conoscenza in quel periodo fu l'opuscolo intitolato *I governanti della Russia*, scritto dal dottor Dennis Fahey, C.S.S.P., con l'imprimatur dell'arcivescovo di Dublino, datato 26 marzo 1938. Nella frase di apertura di questo opuscolo il dottor Fahey scrive:

"In questo opuscolo presento ai miei lettori una serie di documenti seri che vanno a dimostrare che le vere forze dietro il bolscevismo sono forze ebraiche; e che il bolscevismo è davvero uno strumento nelle mani degli ebrei per l'instaurazione del loro futuro regno messianico".

Il dottor Fahey presenta poi un interessante volume di prove. A pagina 1 riporta anche il seguente brano di Hilaire Belloc, tratto dal Weekly di quest'ultimo, datato 4 febbraio 1937:

"A chi non sa che l'attuale movimento rivoluzionario bolscevico in Russia è ebreo, posso solo dire che deve essere un uomo che si lascia abbindolare dalla soppressione della nostra deplorevole stampa".

Altre autorità citate nell'opuscolo sono il Dr. Homer, D. Sc., il Conte Leon de Poncins nel suo *Contre-Revolution*, e la testimonianza resa il 12 febbraio 1919, davanti a una commissione del Senato degli Stati Uniti, dal Rev. George A. Simons, Sovrintendente della Chiesa Episcopale Metodista a Pietrogrado dal 1907 all'ottobre 6 1918.

Il Rev. Simons ha dichiarato in questa occasione riguardo al governo bolscevico di Pietrogrado:

"Nel dicembre 1918... sotto la presidenza di un uomo noto come Apfelbaum (Zinoviev)... su 388 membri, solo 16 erano veri russi, e tutti gli altri (con l'eccezione di un uomo, che è un negro del Nord America) erano ebrei... e 265 di questi ebrei appartenenti a questo governo della Comune del Nord che siede nel vecchio Istituto Smolny provengono dal Lower East Side di New York - 265 di loro".

A pagina 8 il dottor Fahey cita i dati che mostrano che nel 1936:

"Il Comitato Centrale del Partito Comunista a Mosca, il

centro stesso del comunismo internazionale, era composto da 59 membri, di cui 56 erano ebrei e gli altri tre erano sposati con delle ebree...".

"Stalin, attuale sovrano della Russia, non è ebreo, ma ha preso come seconda moglie la sorella ventunenne dell'ebreo L.M. Kaganovitch, suo braccio destro, di cui si è parlato come suo probabile o possibile successore. Ogni movimento di Stalin avviene sotto gli occhi degli ebrei".

Oltre a questi documenti, mi è giunta una quantità di prove riguardanti le attività ebraiche in Gran Bretagna sotto forma di organizzazioni sovversive di ogni tipo, antireligiose, antimorali, rivoluzionarie, e quelle che lavorano per stabilire il sistema ebraico di monopolio finanziario e industriale.

Così mi convinsi definitivamente del fatto che le rivoluzioni russa e spagnola, e le società sovversive in Gran Bretagna, erano parte integrante di un unico e medesimo piano, segretamente gestito e controllato dall'ebraismo mondiale, esattamente secondo le linee tracciate *nei Protocolli degli Anziani di Sion*, depositati al British Museum nel 1906 (che erano stati riprodotti subito dopo l'ultima guerra dal *Morning Post*, e da cui questo giornale non si è mai ripreso).

Questi Protocolli non sono falsi, e io e altri potremmo fornire prove in tal senso che convincerebbero qualsiasi Tribunale imparziale.

Alla successiva riunione delle società patriottiche e cristiane, mi sentii in dovere di affrontare la questione ebraica; e mi resi conto, molto presto, che le strade si erano separate. Con pochissime eccezioni, la nostra collaborazione cessò.

Mi resi conto che, se si voleva fare qualcosa, si sarebbe dovuto formare un gruppo speciale che, pur mantenendo le caratteristiche essenziali del precedente, si sarebbe assunto il compito di contrastare e denunciare la minaccia ebraica. Fu allora che nacque l'idea del Circolo della Destra, anche se la formazione vera e propria avvenne solo alcuni mesi dopo, nel maggio 1939.

Dall'autunno del 1938 in poi, ho trascorso molte ore alla settimana a parlare di questi argomenti sia con i banchi dell'opposizione che con i membri del governo.

La vastità delle questioni in gioco ha scoraggiato molti. Una particolare controreplica rappresenta, a mio avviso, questo tipo di atteggiamento:

> "Beh, tutto ciò è molto inquietante, terribile, in effetti: ma cosa si può fare? Ora me ne andrò e cercherò di dimenticare tutto il prima possibile".

Verso la **fine del 1938** mi giunse la notizia che le azioni di controllo del *Daily Mail* erano in vendita.

Sapendo che era stato messo in atto un severo boicottaggio pubblicitario contro il giornale a seguito della stampa di due o tre articoli che davano quella che agli occhi dell'Internazionalismo era una visione filofranchista della guerra di Spagna (in realtà, la verità), la notizia non mi ha sorpreso più di tanto.

Potevo trovare un acquirente? Decisi di avvicinare un certo coetaneo molto ricco e patriottico, a capo di una grande azienda. Un amico comune organizzò un colloquio.

Come introduzione, ho fatto una panoramica delle attività e del potere dell'Ebraismo organizzato in generale, e del loro controllo pubblicitario segreto in Gran Bretagna in particolare, così come lo vedevo io. Al termine, dopo circa 70 minuti, è stato espresso un generale consenso alle mie opinioni.

A quel punto io e l'amico comune abbiamo cercato di

convincere il nostro interlocutore ad acquistare le azioni in questione e a "strappare il bavaglio alla congiura del silenzio". Lui rispose:

> "Non oso. Mi porterebbero a una crosta di pane. Se si trattasse solo di me stesso, non mi dispiacerebbe; li combatterei. Ma molte delle mie azioni sono detenute da vedove e orfani, e per il loro bene devo rifiutare".

Quando abbiamo espresso il nostro stupore per il fatto che l'ebraismo potesse infliggere una ritorsione così pesante a un uomo con la sua forza finanziaria e il suo potere industriale, nonché una figura così importante a livello nazionale, ci ha fornito i dettagli di una simile ritorsione diretta contro di lui dall'ebraismo organizzato alcuni anni prima.

Si era rifiutato di ottemperare ad alcune richieste che gli erano state fatte in merito alle sue opere. Dopo un ultimo avvertimento, da lui ignorato, era stato avviato un boicottaggio mondiale contro di lui, che era diventato effettivo in 24 ore, ovunque avesse agenti o uffici. Si verificarono misteriosamente anche incendi e scioperi. Le perdite che ne derivarono lo costrinsero infine a cedere.

Nel giro di 24 ore il boicottaggio è stato revocato in tutto il mondo.

La costante errata comunicazione di importanti aspetti della guerra civile spagnola aveva profondamente impressionato molti PM. Essi ritenevano che un pregiudizio così estremo, così universale e così costante, sempre contro Franco, indicasse l'esistenza di un piano deliberato e, sebbene non fossero disposti a condividere la mia tesi, secondo cui gli ebrei stavano operando questo controllo con vari mezzi e che l'intera vicenda faceva parte del loro piano mondiale, tuttavia molti sentivano che c'era qualcosa di molto sbagliato da qualche parte.

Nel corso di queste conversazioni ho ottenuto il sostegno dei deputati di tutti i partiti al progetto di legge che stavo preparando a questo proposito.

Il **13 dicembre 1938** ho presentato il disegno di legge intitolato COMPANIES ACT AMENDMENT BILL, che rende obbligatorio che le azioni dei giornali e delle agenzie di stampa siano detenute a nome effettivo dei titolari, anziché a nome di prestanome come avviene ora nella maggior parte dei casi.

Il disegno di legge ha ottenuto la prima lettura con 151 voti favorevoli e 104 contrari. Nella lobby del sì erano presenti deputati di tutti i partiti, tra cui 13 Onorevoli 98 di questi socialisti).

Nella Lobby del No c'erano i signori Rothschild, Schuster, Shinwell, Cazalet, Gallacher, Sir A. Sinclair, Gluckstein e il signor Samuel Storey, anch'egli contrario, che ha bloccato il progetto di legge; e sembrava adatto a quel ruolo.

A questo punto decisi di procedere subito alla formazione di un gruppo simile a quello dei rappresentanti delle società cristiane e patriottiche, con cui avevo lavorato fino all'emergere del problema ebraico; ma questa volta un gruppo che ponesse l'opposizione a quella minaccia in primo piano nelle sue attività.

Il signor Cross era il segretario e il defunto duca di Wellington, presidente della Liberty Restoration League, era il presidente della maggior parte delle poche riunioni che abbiamo tenuto. Il primo obiettivo del Right Club era quello di illuminare il Partito Tory e di liberarlo da qualsiasi controllo ebraico.

L'ebraismo organizzato era ormai chiaramente orientato verso la guerra mondiale. Il fallimento della Brigata Internazionale in Spagna, la crescente esposizione di se stessi e il conseguente rischio di un collasso totale del loro piano rendevano imperativa la guerra immediata dal loro punto di vista.

Nel **luglio 1939** ebbi un colloquio con il Primo Ministro. Parlai della Rivoluzione russa e del ruolo che l'ebraismo aveva avuto in essa; della Rivoluzione spagnola, preparata e portata avanti su linee simili da molte delle stesse persone; delle società sovversive in Gran Bretagna e del controllo della stampa e delle notizie esistente in questo Paese.

Alla fine ho attirato l'attenzione del Primo Ministro sul lavoro clandestino che si stava svolgendo con l'obiettivo di rovesciare la sua politica di pace e lui stesso, e di far precipitare la guerra.

Il signor Chamberlain riteneva che accuse di tale gravità e portata avrebbero richiesto prove documentali molto consistenti. Ho deciso di raccogliere prove documentali che consentissero di prendere provvedimenti.

Lo scoppio della guerra permise agli ebrei di conferire alle loro attività il manto del patriottismo. Il potere della stampa permise loro di ritrarre coloro che si opponevano ai loro progetti e di smascherarli come filonazisti e sleali nei confronti della Gran Bretagna.

La difficoltà che mi trovai ad affrontare fu che, pur avendo il dovere di mettere in guardia il Paese dalle conseguenze di una politica influenzata dall'ebraismo organizzato e contraria agli interessi britannici, non volevo allo stesso tempo creare difficoltà al signor Chamberlain.

Si decise quindi che il Club Right avrebbe dovuto chiudere i battenti per tutto il periodo. Lo spirito del Club ha naturalmente portato i membri più giovani ad arruolarsi nei servizi, dove hanno servito con distinzione su molti fronti. Era in linea con lo stesso spirito che gli altri non impegnati continuassero a combattere il nemico interno, non meno formidabile delle Potenze dell'Asse e in un certo senso più pericoloso, a causa dei suoi metodi segreti e del fatto che può lavorare sia dall'interno che dall'esterno.

A questo scopo, quindi, io e altri a titolo individuale diffondemmo occasionalmente alcuni miei volantini intitolati Do You Know? e Have You Noticed?; i miei versi che iniziavano "Land of dope and Jewry" e alcuni adesivi antiebraici. Questo con l'idea di educare il pubblico in modo sufficiente a mantenere l'atmosfera in cui la "falsa" guerra, come veniva chiamata, potesse essere convertita in una pace negoziata e onorevole.

Non era certo disfattista, come la propaganda ebraica cercava di far credere. Non siamo stati noi del Circolo della Destra a trattenere i servizi di combattimento in questa guerra più che nell'ultima; al contrario.

Deciso a compiere ulteriori sforzi per convincere il signor Chamberlain, e forse anche il Comitato del 1922, della veridicità del mio caso, e scongiurare così la guerra totale, iniziai a rafforzare le prove documentali già in mio possesso.

Nel **gennaio 1940**, avevo i dettagli di quasi trenta società sovversive che lavoravano su varie linee rivoluzionarie e corrosive, e avevo completato una tabella molto grande, che mostrava i principali membri di ciascuna. Sei nomi spiccavano chiaramente, come una sorta di direttorio interconnesso. Erano il Prof. H. Laski, il Sig. Israel Moses Sieff, il Prof. Herman Levy, il Sig. Victor Gollancz, il Sig. D. N. Pritt, M. P., e il Sig. G. R. Strauss, M. P.

Nel febbraio del 1940, al mio arrivo a Londra, mi fu consegnata la documentazione di un nuovo gruppo che sosteneva l'UNIONE FEDERALE. L'elenco dei nomi dei sostenitori era sorprendente. Avrebbe potuto essere copiato dal grafico che avevo appena completato. Non ci si poteva sbagliare sulla fonte di questo progetto. Più tardi, quando questo gruppo diventò attivo, proposi le seguenti domande:

Il Capitano Ramsay ha chiesto al Primo Ministro se può assicurare all'Assemblea che la creazione di un'Unione Federale degli Stati europei non è uno degli obiettivi di guerra del Governo di Sua Maestà.

Il signor Butler (il 9 maggio) ha dato una risposta non impegnativa. A questa ho chiesto il seguente supplemento:

Capitano Ramsey: Il mio amico sa che questo piano, se adottato, susciterà l'ostilità di quasi tutta l'Europa, che lo considera come la creazione di un super-Stato giudaico-massonico?[16]

Mr. Butler: Preferisco lasciare al mio amico l'interpretazione di questo piano.

Una virulenta campagna di stampa era ora in pieno svolgimento per sopprimere le opinioni e le attività "antisemite" dichiarando che l'"antisemitismo" era filonazista. Temendo che il Ministro degli Interni potesse essere incline a questa direzione, che era una falsa direzione, gli chiesi il 9 maggio 1940:

Capitano Ramsay: Può garantire che, sia nella gestione delle norme attuali che nella definizione di quelle rivedute, si farà attenzione a distinguere tra antisemitismo e filonazismo?

Sir J. Anderson: Spero che qualsiasi misura restrittiva applicata alla propaganda organizzata possa in pratica limitarsi alla propaganda calcolata per ostacolare lo sforzo bellico; e da questo punto di vista non posso riconoscere come rilevante la

---

[16] *I Protocolli degli Anziani di Sion* chiariscono che l'Ebraismo mondiale e la Massoneria orientale instaureranno un regime di questo tipo dopo che gli Stati gentili saranno stati ridotti dalla guerra e dalle rivoluzioni a falciatori di legna e attrattori d'acqua.

distinzione che il mio. Onorevole e galante amico cerca di fare.

Capitano Ramsay: mentre penso che il mio Onorevole Amico per la sua risposta, in considerazione del fatto che sembra un po' confuso su questo punto, assicurerà all'Assemblea che si rifiuta di essere spinto a identificare le due cose da una rampa della nostra stampa ebrea?

Sir J. Anderson: Non c'è alcuna possibilità che io venga spinto a fare qualcosa.

Fu nelle ultime settimane della presidenza di Chamberlain che mi fu possibile esaminare alcuni documenti dell'ambasciata americana nell'appartamento del signor Kent. Questa era la situazione e queste furono le considerazioni che mi portarono a consultarli.

1. Insieme a molti membri di entrambe le Camere del Parlamento, ero pienamente consapevole che tra le agenzie qui e all'estero, che si erano attivamente impegnate nel promuovere i cattivi sentimenti tra la Gran Bretagna e la Germania, l'Ebraismo organizzato, per ovvie ragioni, aveva svolto un ruolo di primo piano.
2. Sapevo che gli Stati Uniti erano il quartier generale degli ebrei e quindi il centro reale, anche se non apparente, della loro attività.
3. Sapevo che l'Unione Federale era il complemento negli affari internazionali dello schema di Pianificazione Politica ed Economica (P.E.P.). Il presidente del P.E.P. è Israel Moses Sieff, che è anche vicepresidente della Federazione Sionista e Gran Commendatore dell'Ordine dei Maccabei), progettato per realizzare il bolscevismo di nascosto nella sfera dell'industria e del commercio, e che deve essere considerato come il Super-Stato, che è uno dei principali obiettivi dell'Ebraismo Internazionale.
4. Riconoscevo che i piani per instaurare il socialismo marxista sotto il controllo ebraico in questo Paese erano molto avanzati. Sulle loro intenzioni non c'erano dubbi.

5. Sapevo che la tecnica dell'Ebraismo Internazionale è sempre quella di pianificare il rovesciamento, in momenti critici, di qualsiasi leader nazionale che si opponga seriamente a qualche parte essenziale dei loro disegni, come ad esempio aveva fatto il signor Chamberlain aderendo alla sua politica di pacificazione, e che in questo caso la caduta del signor Chamberlain avrebbe fatto precipitare la guerra totale. Mi sono ricordato che il signor Lloyd George aveva detto alla Camera dei Comuni che se ci avessero fatto entrare in guerra per la Polonia senza l'aiuto della Russia, saremmo finiti in una trappola. Siamo finiti in quella trappola.

Ulteriori informazioni sull'origine, il progetto e l'obiettivo finale avrebbero rafforzato la posizione di Chamberlain e gli avrebbero permesso di prendere le contromisure appropriate. Come membro del Parlamento, ancora fedele a Chamberlain, ritenevo mio dovere indagare.

Verso il 9 o il 10 maggio andai in Scozia per una quindicina di giorni di riposo, avendo visto solo una parte dei documenti e intendendo riprendere le mie indagini al mio ritorno. Prima che potessi concluderle, però, il signor Chamberlain era decaduto dall'incarico e io fui arrestato pochi giorni dopo sui gradini di casa mia, quando tornai a Londra il 23 maggio 1940.

Allego i particolari, addotti come motivi della mia detenzione, e le mie osservazioni in merito.

Prigione di Brixton, 23 agosto , 1943

(Firmato) ARCHIBALD RAMSAY.

PARTICOLARI ADDOTTI COME MOTIVI DELLA MIA DETENZIONE

Segue una copia dei particolari, che sono stati addotti come ragionevoli motivi per la mia detenzione negli ultimi tre anni.

Si vedrà che la base di ognuna di esse è che la mia opposizione al comunismo, al bolscevismo e all'ebraismo mondiale non era altro che una finzione; uno stratagemma sleale, infatti, adottato per mascherare le attività anti-britanniche in relazione alla guerra.

Chiunque abbia familiarità con le attività della Camera dei Comuni sarà più o meno a conoscenza delle attività antibolsceviche che ho portato avanti apertamente e coerentemente per tutto il tempo in cui sono stato alla Camera dal 1931; e che sono diventate antiebraiche nel 1938, quando ho capito che il bolscevismo era ebraico e parte integrante del loro piano mondiale.

L'autore di questi dati mette da parte l'intera documentazione di quegli otto anni e procede a inventare e ribadire qualche nuovo e sleale proposito, per il quale non offre alcuno straccio di prova.

**Comitato consultivo del Ministero dell'Interno
(Regolamento Difesa 18B) Londra, W.1.
Telefono: Regent 4784 Rif.: ... R4...
24 giugno 1940**

MOTIVAZIONI DELL'ORDINANZA EMESSA AI SENSI DEL REGOLAMENTO DELLA DIFESA 18B NEL CASO DEL CAPITANO ARCHIBALD MAULE RAMSAY, M.P.

L'ordinanza ai sensi del Regolamento della Difesa 18B è stata emessa nei confronti del Capitano Archibald Maule Ramsay, M.P. Perché il Segretario di Stato aveva ragionevoli motivi per ritenere che il suddetto Capitano Archibald Maule RAMSAY, M.P. fosse stato recentemente coinvolto in atti pregiudizievoli per la sicurezza pubblica o la difesa del Regno, o nella preparazione o istigazione di tali atti, e che a causa di ciò fosse necessario esercitare un controllo su di lui.[17]

PARTICOLARI

Il suddetto capitano Archibald Maule RAMSAY, M.P.

Particolare (i): intorno al mese di maggio 1939, si formò un'organizzazione sotto il nome di "Right Club", che apparentemente dirigeva le sue attività contro ebrei, massoni e

---

[17] Si noti che UNA persona aveva "ragionevole motivo di credere" e, in base a questa clausola, il capitano Ramsay fu imprigionato per due anni e mezzo. Questo esatto linguaggio è codificato oggi nel Codice Penale degli Stati Uniti. Chi pensate che "scriva le proposte di legge" che il Congresso degli Stati Uniti deve approvare? E tenete presente che il Patriot Act degli Stati Uniti e il "nuovo" Dipartimento della Sicurezza Nazionale erano in attesa dell'atto genocida del WTC dell'11 settembre 2001 (noto oggi come 911), pianificato dalle stesse creature e attuato da - chissà chi? I loro "tirapiedi" e "lacchè" e coloro che sono dannati a un inferno di loro stessa creazione.

comunisti. Questa organizzazione, in realtà, era progettata segretamente per diffondere opinioni sovversive e disfattiste tra la popolazione civile della Gran Bretagna, per ostacolare lo sforzo bellico della Gran Bretagna e quindi per mettere in pericolo la sicurezza pubblica e la difesa del Regno.

Risposta

La formazione del Right Club, come dimostra il memorandum allegato, è stata il logico risultato di molti anni di lavoro contro il bolscevismo, portato avanti sia all'interno che all'esterno della Camera dei Comuni, e ben noto a tutti i miei colleghi politici fin dal 1931.

L'obiettivo principale del Right Club era quello di contrastare e smascherare le attività dell'Ebraismo organizzato, alla luce delle prove di cui sono entrato in possesso nel 1938, alcune delle quali sono riportate nel memorandum.

Il nostro primo obiettivo era quello di ripulire il Partito Conservatore dall'influenza ebraica, e il carattere dei nostri membri e delle nostre riunioni era strettamente in linea con questo obiettivo. Non c'erano altri scopi segreti.

La nostra speranza era di evitare la guerra, che consideravamo principalmente opera di intrighi ebraici con sede a New York. In seguito, io e molti altri speravamo di trasformare la "finta" guerra non in una guerra totale, ma in un'onorevole pace negoziata.

È difficile immaginare un corpo di persone meno capace di essere "sovversivo" come suggerisce questa Particolare, e accoppiare questa accusa con quella di essere "disfattista" pone l'intera Particolare nel regno del ridicolo.

Particolare (ii): per favorire i reali obiettivi dell'Organizzazione, il suddetto RAMSAY ha permesso che i nomi dei membri dell'Organizzazione fossero noti solo a lui stesso, e ha preso grandi precauzioni per assicurarsi che il registro dei membri non uscisse dal suo possesso o controllo; e ha dichiarato di aver preso provvedimenti per fuorviare la Polizia e l'Intelligence Branch del War Office sulle reali attività dell'Organizzazione. Queste misure sono state prese per evitare che si conoscessero i veri scopi dell'Organizzazione.

Risposta

Essendo gli oggetti reali del Right Club quelli dichiarati, e non essendoci altri oggetti, l'ultima parte di questo particolare è una pura invenzione.

C'era solo un aspetto in cui i nostri obiettivi differivano dalla Polizia e dal M.I., ovvero la questione ebraica.

Né la Polizia né la M.I. riconobbero la minaccia ebraica. Né la Polizia né il M.I. riconobbero la minaccia ebraica, né avevano alcun meccanismo per affrontarla o per nascondere le informazioni ai membri ebrei del loro personale.

Se i nomi dei membri del Club fossero stati messi a disposizione di uno di questi dipartimenti, sarebbero stati catturati dai membri ebrei e riferiti proprio agli ambienti da cui molti membri volevano che fossero nascosti.

Particolare (iii): Ha espresso spesso simpatia per la politica e gli obiettivi del governo tedesco; e a volte ha espresso il desiderio di cooperare con il governo tedesco nella conquista e nel successivo governo della Gran Bretagna.

Risposta

L'ultima metà di questo particolare è un'invenzione così assurda che mi propongo di trattarla con il disprezzo che merita.

Lord Marley ricamò questa finzione nei Lord pochi giorni dopo il mio arresto, insinuando che mi ero impegnato a diventare Gauleiter della Scozia sotto un'occupazione tedesca della Gran Bretagna.

I miei avvocati lo hanno subito invitato a ripetere le sue osservazioni all'esterno. Inutile dire che non l'ha fatto, perché non c'è uno straccio di giustificazione né per questo particolare né per le sue calunnie.

L'espressione "simpatia per la politica e gli obiettivi del governo tedesco" è fuorviante al limite della disonestà. Suggerisce un accordo o una comprensione generale.

Non esisteva nulla del genere.

Non sono mai stato in Germania e, a parte un pranzo formale alla loro ambasciata, non conoscevo nessun tedesco. Quel poco che avevo imparato sul sistema nazista non mi piaceva.

Non ho mai approvato l'idea che in Gran Bretagna si formino movimenti su linee lontanamente simili. Al contrario, l'ho disapprovata. Ritenevo che il Partito Unionista, una volta illuminato, fosse l'organismo più adatto a prendere le necessarie contromisure al piano ebraico, e che per farlo con successo non avesse nemmeno bisogno di uscire dai poteri latenti nella nostra Costituzione.

In generale, le mie opinioni sulle aspirazioni tedesche coincidevano esattamente con quelle espresse da Lord Lothian nel suo discorso a Chatham House il 29 giugno 1937, quando disse:

> "Ora, se il principio di autodeterminazione fosse applicato a favore della Germania nel modo in cui è stato applicato contro di lei, significherebbe il rientro dell'Austria in Germania, l'unione dei Sudeti, di Danzica e forse di Memel alla Germania, e alcuni aggiustamenti con la

Polonia in Slesia e nel Corridoio".

L'unico aspetto della politica nazista che si è scontrato in modo particolare con le mie opinioni è stata l'opposizione alle attività di disturbo dell'ebraismo organizzato. Nessun patriota - britannico, francese, tedesco o di qualsiasi altra nazionalità - è giustificato ad abbandonare la difesa del proprio Paese di fronte a questo assalto, una volta riconosciuta la sua realtà.

Confondere la simpatia su questo unico e leale punto con la simpatia per l'intera politica e gli obiettivi nazisti è disonesto; sviluppare questa falsità in un'accusa di preferire quel sistema al nostro e di essere pronto a imporre quel sistema (che disapprovavo) al mio Paese, è l'ultima parola dell'infamia.

Particolare (iv): dopo la costituzione dell'Organizzazione, si è adoperato, a nome dell'Organizzazione, per introdurre membri dell'Organizzazione presso il Ministero degli Esteri, la Censura, l'Intelligence Branch del War Office e i dipartimenti governativi, al fine di promuovere i reali obiettivi dell'Organizzazione di cui al punto (i).

Risposta

Anche in questo caso abbiamo la fabbricazione dell'accusa del tutto ingiustificabile di uno scopo segreto e sleale, già trattata in Particular (i), e nel mio Memorandum.

Per quanto riguarda la questione dei membri del Right Club e degli uffici governativi, vorrei dire questo:

Poiché l'obiettivo del Club era quello di diffondere il più rapidamente possibile la verità sul pericolo ebraico, il tempo era sempre un fattore vitale. Fin dall'inizio eravamo in gara con i propagandisti ebrei.

Contrastarli nel maggior numero possibile di ambiti diversi era ovviamente il metodo più rapido. Dieci membri in dieci ambiti diversi avrebbero diffuso le nostre informazioni più ampiamente e più rapidamente di dieci membri tutti nello stesso ufficio o club.

Ogni gruppo politico deve seguire queste linee; questo metodo è la pratica comune di tutti i partiti politici.

Non ho mai fatto alcuno sforzo per ottenere un posto di lavoro in un ufficio governativo.

Se un socio avesse potuto scegliere tra due lavori e non si fosse preoccupato di quale scegliere, e me lo avesse chiesto, avrei chiaramente risposto che, per quanto riguardava il Club, la sfera in cui non avevamo nessun membro che predicasse il Vangelo era quella da scegliere.

Il fatto che la conoscenza raggiungesse luoghi come il Ministero degli Esteri, il Ministero della Guerra e così via, significava ovviamente raggiungere l'illuminazione di persone influenti nel modo più rapido di tutti.

Particolare (v): Dopo lo scoppio della guerra, si è associato e si è servito di persone note per essere attive nell'opposizione agli interessi della Gran Bretagna. Tra queste persone c'erano Anna Wolkoff e Tyler Kent, un ufficiale addetto alla codifica impiegato presso l'ambasciata degli Stati Uniti d'America. Sapendo delle attività in cui Wolkoff e Kent erano impegnati, ha continuato a frequentarli e a sfruttare le loro attività per conto del "Right Club" e di se stesso. In particolare, sapendo che Kent aveva sottratto importanti documenti di proprietà dell'Ambasciata degli Stati Uniti d'America, visitò l'appartamento di Kent al 47 di Gloucester Place, dove erano conservati molti di questi documenti, e li ispezionò per i suoi scopi. Ha inoltre depositato presso il suddetto Kent il registro segreto dei membri del "Right Club", della cui organizzazione Kent era diventato un membro importante, per cercare di mantenere segreta la natura dell'Organizzazione.

Risposta

In nessun momento della mia vita mi sono mai associato a persone che sapevo essere contrarie agli interessi della Gran Bretagna. Al contrario, tutto il mio curriculum dimostra che ho dedicato più tempo e problemi della maggior parte delle persone a combattere proprio queste persone.

Di certo non sapevo, e non so ora, che il signor Kent o la signorina Wolkoff fossero impegnati in attività calcolate o suscettibili di danneggiare gli interessi della Gran Bretagna.

Dalla mia conoscenza di entrambi e dalle conversazioni che ho avuto in quel periodo, so che entrambi riconoscevano le attività dell'Ebraismo organizzato come una delle forze più malvagie della politica in generale e una delle più pericolose per gli interessi della Gran Bretagna in particolare.

Tutte le loro azioni saranno state dirette a contrastare quelle potenze e i loro disegni, e certamente non a qualcosa che potesse danneggiare gli interessi della Gran Bretagna.

Per quanto riguarda me stesso, vorrei aggiungere con grande enfasi, alla luce di varie accuse mendaci sull'argomento che sono giunte alle mie orecchie, che non ho mai, e ovviamente non potrei mai, pensare di comunicare informazioni a quartieri nemici.

Avendo ragionevoli motivi per credere che gli intrighi dell'Internazionale ebraica per portare alla guerra totale si irradiassero da New York, e sapendo che erano in corso attività per sabotare la politica di pacificazione del signor Chamberlain e per provocarne il rovesciamento, era mio ovvio dovere, in quanto membro del Parlamento e ancora fedele al signor Chamberlain, fare tutte le indagini possibili.

Ho depositato il Libro Rosso con i nomi dei membri del Right Club nell'appartamento del signor Kent per il periodo della mia assenza da Londra solo dopo aver saputo di diverse persone che avevano avuto i loro documenti (che trattavano lo stesso tipo di argomenti dei miei) saccheggiati da persone sconosciute in loro assenza.

Come ho già detto, avevo dato esplicita assicurazione di riservatezza ad alcune delle persone i cui nomi erano stati inseriti. Se i loro nomi fossero finiti nelle mani della polizia segreta britannica, rappresentata da ebrei, il loro atteggiamento nei confronti della minaccia ebraica sarebbe diventato subito noto proprio nei quartieri da cui si erano impegnati a tenerli nascosti, cioè i quartieri ebraici.

I furti politici non sono una novità in questo Paese, quando si è sospettati di possedere informazioni relative alle attività dell'Ebraismo organizzato.

Lord Craigmyle, quando era Lord d'Appello, ha fatto mettere a soqquadro tutta la sua casa, ogni cassetto è stato aperto e ogni carta è stata rovistata senza che nulla venisse rubato, in un momento in cui era ragionevole supporre che i suoi documenti contenessero tale materiale.

Il tenente capo della polizia di Edimburgo dichiarò all'epoca che si trattava di un "furto politico"; gli autori non furono mai rintracciati. (Si veda la lettera di Lord Craigmyle, datata 6 luglio 1920, intitolata "Edimburgo e la libertà", pubblicata in *Lettere a Israele*).

Particolare (vi): ha permesso e autorizzato la moglie ad agire per suo conto nel frequentare e servirsi di persone a lui note per essere attive nell'opporsi agli interessi della Gran Bretagna. Tra queste persone vi erano Anna Wolkoff, Tyler Kent e la signora Christabel Nicholson.

Risposta

Non c'è nulla di vero in questo particolare e mi propongo di trattarlo con il disprezzo che merita.

Inutile dire che il Comitato consultivo del Ministero dell'Interno non ha prodotto alcuna prova a sostegno delle calunnie contenute nei suddetti particolari.

CONCLUSIONE

Sottopongo questa dichiarazione, e i commenti sui particolari, non per mio interesse, ma per illuminare il Paese.

Quando le cose raggiungono uno stadio in cui un Lord d'Appello, i cui documenti sono sospettati di essere in relazione con il piano dell'Ebraismo Organizzato, può essere "svaligiato politicamente";

Quando un Libro bianco contenente passaggi vitali sul bolscevismo mondiale ebraico può essere immediatamente ritirato e ristampato omettendo i passaggi vitali;

Quando un importante industriale britannico può essere ricattato dall'ebraismo organizzato e costretto alla sottomissione con boicottaggi, scioperi, atti di sabotaggio e incendi dolosi;

Quando un membro del Parlamento, che osa cercare di mettere in guardia il Paese contro questa minaccia dell'Ebraismo organizzato e dei suoi aiutanti (l'unica Quinta Colonna che esiste davvero in questo Paese) viene imprigionato per tre anni con false accuse;

Quando queste cose possono accadere in Gran Bretagna, allora ci deve essere sicuramente qualcosa di sbagliato da qualche parte.

In un momento in cui la Gran Bretagna e l'Impero sono impegnati in una lotta tra la vita e la morte, sicuramente non ci può essere spazio per gli insegnamenti e le attività ripugnanti di cui ho parlato.

Mentre i nostri marinai, soldati e aviatori ottengono vittorie sui nemici esterni, è sicuramente dovere di ogni patriota combattere il nemico interno a casa.

Il Primo Ministro, nel suo discorso alla Mansion House, ha dichiarato di non essere diventato Primo Ministro del Re per presiedere alla liquidazione dell'Impero Britannico.

Oggi ci sono più modi di comprendere la liquidazione dell'Impero britannico; e il Leder nazionale che è determinato a contrastarli tutti non solo avrà bisogno del massimo sostegno di tutti i patrioti, ma credo che si dimostrerà che le sue difficoltà più formidabili deriveranno proprio da quei poteri che io e altri membri del Right Club abbiamo sempre cercato di contrastare e smascherare.

GLI STATUTI DELL'EBRAISMO

Gli Statuti del Regno 1275 [d.C.]
Dagli Statuti del Regno.
Vol. 1, pag. 221.

GLI STATUTI DELL'EBRAISMO[18]

L'usura vietata agli ebrei

Poiché il re ha visto che diversi mali e il diseredamento di uomini validi della sua terra sono avvenuti a causa delle usure che i Giudei hanno fatto in passato, e che diversi peccati ne sono seguiti, sebbene lui e i suoi antenati abbiano ricevuto molti benefici dal popolo ebraico in tutti i tempi passati, tuttavia, per l'onore di Dio e per il beneficio comune del popolo, il re ha ordinato e stabilito che d'ora in poi nessun Giudeo potrà più prestare nulla a usura né su terreni, né su affitti, né su altre cose.

E che non si verifichino usure nel tempo a partire dalla festa di Sant'Edoardo passata. Nonostante ciò, i patti precedentemente stipulati dovranno essere rispettati, a meno che non cessino le usure. Ma tutti coloro che hanno debiti con gli Ebrei su pegno

---

[18] Il Parlamento che approvò questo Statuto comprendeva anche rappresentanti dei Comuni, e questo fu probabilmente il primo Statuto nella cui promulgazione i Comuni ebbero una qualche parte. È significativo che la prima prova dei sentimenti e dei desideri dei comuni si sia espressa in una forma come quella di questi Statuti dell'Ebraismo, a fronte del fatto, chiaramente evidente nella scrittura, che i Re dovevano molto alle attività ebraiche, avendo richiesto regolarmente denaro agli ebrei e permettendo loro di rifarsi a loro volta sul popolo.

di beni mobili dovranno assolverli tra questa e la Pasqua; in caso contrario, essi saranno dichiarati decaduti. E se qualche ebreo presta a usura in contrasto con questa ordinanza, il Re non presterà il suo aiuto, né da parte sua né da parte dei suoi ufficiali, per recuperare il prestito; ma lo punirà a sua discrezione per l'infrazione e renderà giustizia al cristiano affinché possa riottenere i suoi pegni.

Angoscia per gli ebrei

E che d'ora in poi l'angoscia per i debiti dovuti agli Ebrei non sarà così grave, ma che la parte delle terre e dei beni dei Cristiani rimarrà per il loro mantenimento; e che nessuna angoscia sarà fatta per un debito ebraico all'erede del debitore nominato nell'atto dell'Ebreo, né a qualsiasi altra persona che detenga la terra che era del debitore, prima che il debito sia messo in causa e approvato in tribunale.

Valutazione delle terre prese per debito da un ebreo

E se lo sceriffo o un altro ufficiale giudiziario, per ordine del Re, deve dare il Saisin (possesso) a un ebreo, sia esso uno o più, per il loro debito, i beni saranno valutati con giuramento da uomini validi e saranno consegnati all'ebreo o agli ebrei o al loro procuratore per l'ammontare del debito; e se i beni non sono sufficienti, le terre saranno estese con lo stesso giuramento prima della consegna del Saisin all'Ebreo o agli Ebrei, a ciascuno nella sua giusta proporzione, in modo che si sappia con certezza che il debito è estinto e che il cristiano può riavere le sue terre, riservando sempre al cristiano la parte delle sue terre e dei suoi beni per il mantenimento come sopra indicato, e la villa principale.

Garanzia agli ebrei:

E se in seguito si troverà un bene mobile in possesso di un ebreo e qualcuno lo citerà in giudizio, all'ebreo sarà concessa la sua garanzia, se potrà averlo; e in caso contrario, che risponda in modo da non essere in ciò diversamente privilegiato da un cristiano.

Dimora degli ebrei

E che tutti gli ebrei abitino nelle città e nei borghi di proprietà del Re, dove sono soliti trovarsi i forzieri dei chirografi degli ebrei.

Il loro distintivo

E che ogni ebreo, dopo aver compiuto sette anni, porti un distintivo sulla sua veste esterna, cioè in forma di due tavole unite di feltro giallo della lunghezza di sei pollici e della larghezza di tre pollici.

Le loro tasse

E che ognuno, dopo aver compiuto dodici anni, paghi tre pence all'anno a Pasqua come tassa al Re di cui è schiavo; e questo vale sia per le donne che per gli uomini.

Cessione di terreni, ecc. da parte di ebrei

E che nessun Giudeo avrà il potere di infecondare (impossessarsi) un altro, sia esso Giudeo o Cristiano, di case, affitti o proprietà che possiede ora, né di alienare in qualsiasi altro modo, né di assolvere un Cristiano dal suo debito senza la speciale licenza del Re, finché il Re non avrà ordinato diversamente.

Privilegi degli ebrei

E poiché è volontà e volontà della Santa Chiesa che essi vivano e siano conservati, il Re li prende sotto la sua protezione e concede loro la sua pace; e vuole che siano conservati e difesi in modo sicuro dai suoi sceriffi e dagli altri ufficiali giudiziari e dai suoi uomini di fiducia, e ordina che nessuno faccia loro del male o del danno o dell'ingiustizia nei loro corpi o nei loro beni, mobili o immobili, e che non si appellino né si impongano in alcun tribunale, né siano contestati o disturbati in alcun tribunale, se non in quello del Re di cui sono servitori; e che nessuno dovrà obbedienza, servizio o affitto se non al Re o ai suoi ufficiali giudiziari in suo nome, a meno che non si tratti della loro abitazione che ora possiedono pagando un affitto; salvo il diritto della Santa Chiesa.

Rapporti tra ebrei e cristiani

Il Re concede loro di guadagnarsi da vivere con merci lecite e con il loro lavoro, e di avere rapporti con i cristiani per esercitare un commercio lecito vendendo e comprando. Ma che nessun cristiano, né per questo né per altri motivi, possa abitare tra loro. E il Re vuole che non siano messi a sorte e a ferro e fuoco con gli uomini delle città e dei borghi in cui risiedono, a causa delle loro merci, perché sono soggetti a tassazione per il Re come suoi servi e per nessun altro se non per il Re.

Case e fattorie di proprietà, ecc.

Inoltre il Re concede loro di acquistare case e castelli nelle città e nei borghi in cui risiedono, in modo da tenerli in capo al Re, risparmiando ai signori della tassa i servizi dovuti e abituali. Inoltre, potranno prendere e acquistare fattorie o terreni per un periodo di dieci anni o meno, senza dover accettare omaggi o fedeltà o simili tipi di obbedienza da parte dei cristiani, e senza avere la tutela delle chiese, e potranno così guadagnarsi da vivere nel mondo, se non hanno i mezzi per commerciare o non possono lavorare; e questa licenza di prendere terreni da coltivare durerà per loro per quindici anni a partire da questo momento.

GLI EBREI IN GRAN BRETAGNA

1215 - Magna Carta

1255 - Omicidio rituale di Sant'Ugo di Lincoln. Enrico III ordinò personalmente il processo e 18 colpevoli furono giustiziati: tutti ebrei.

1275 - Viene approvato lo Statuto dell'Ebraismo, che confina gli ebrei in determinate aree, proibisce loro l'usura, la proprietà della terra e il contatto con il popolo e li obbliga a portare un distintivo giallo.

1290 - Edoardo I bandisce gli ebrei dall'Inghilterra.

1657 - Oliver Cromwell, finanziato da Manasseh Ben Israel e Moses Carvajal, permette agli ebrei di tornare in Inghilterra, anche se l'ordine di esilio non viene mai revocato dal Parlamento.[19]

1689 - Gli ebrei di Amsterdam finanziano la ribellione contro il re Giacomo II. Il capo di questi, Solomon Medina, segue Guglielmo d'Orange in Inghilterra.

---

[19] È stato affermato che gli ebrei non hanno mai realmente lasciato l'Inghilterra, ma si sono semplicemente "nascosti" fino all'assassinio del re. Questo è certamente più plausibile che aspettarsi che tutti gli ebrei abbiano lasciato il Paese. Soprattutto se si considera che Cromwell era una pedina degli ebrei e non un uomo del Re.

1694 - Viene istituita la Banca d'"Inghilterra" e il Debito Nazionale, che assicura agli usurai ebrei un primo onere sulle tasse d'Inghilterra per gli interessi sui loro prestiti. Il diritto di stampare moneta passa dalla Corona alla "Banca d'Inghilterra".

1707 - L'unione economica e politica viene imposta alla Scozia contro il voto di tutti i paesi e borghi; il debito nazionale viene imposto alla Scozia e la zecca reale di Edimburgo viene soppressa.

UOMINI FAMOSI SUGLI EBREI

Seneca dal 4 a.C. al 5 d.C.

"I costumi di questo popolo maledetto sono diventati così forti che si sono diffusi in ogni terra".

San Giustino 116 d.C.

"Gli ebrei erano dietro a tutte le persecuzioni dei cristiani. Si aggiravano ovunque per il Paese odiando e minando la fede cristiana".

Mohammed 570.

"Per me è incomprensibile il motivo per cui non si è provveduto da tempo a espellere queste bestie che sputano morte... questi ebrei non sono altro che divoratori di uomini?".

Martin Lutero 1483.

"Gli ebrei amano il libro di Ester, che è così adatto al loro appetito e alla loro speranza sanguinaria, vendicativa e omicida. Il sole non ha mai brillato su un popolo così sanguinario e vendicativo, che ha l'idea di uccidere e strangolare i pagani. Nessun altro uomo sotto il sole è più avido di loro e lo sarà sempre, come si può vedere dalla loro maledetta usura. Si consolano pensando che quando verrà il loro Messia raccoglierà tutto l'oro e l'argento del mondo e lo dividerà tra loro".

Clemente VIII Papa 1592.

"Tutto il mondo soffre a causa dell'usura degli ebrei, dei loro monopoli e dei loro inganni. Hanno portato molti popoli sfortunati in uno stato di povertà, specialmente i contadini, gli operai e i poverissimi".

Voltaire 1694.

"Gli ebrei non sono altro che un popolo ignorante e barbaro, che da tempo unisce la più schifosa avarizia alla più abominevole superstizione e all'odio inestinguibile di tutti i popoli da cui sono tollerati e attraverso i quali si arricchiscono".

Napoleone

"Ho deciso di migliorare gli Ebrei: ma non ne voglio più nel mio Regno: anzi, ho fatto di tutto per dimostrare il mio disprezzo per la nazione più vile del mondo".

Benjamin Franklin 1789.

Dichiarazione nella Convenzione, relativa all'immigrazione ebraica:

"C'è un grande pericolo per gli Stati Uniti d'America, questo grande pericolo è l'ebreo. Signori, in ogni terra in cui gli ebrei si sono stabiliti, hanno abbassato il livello normale e il grado di onestà commerciale.

Sono rimasti separati e non assimilati, hanno creato uno Stato nello Stato e quando si oppongono cercano di strangolare la nazione dal punto di vista finanziario, come nel caso di Portogallo e Spagna.

Per più di 1700 anni hanno lamentato il loro doloroso destino, cioè di essere stati cacciati dalla loro madrepatria, ma signori, se il mondo civilizzato oggi dovesse restituire loro la Palestina e le loro proprietà, troverebbero immediatamente delle ragioni pressanti per non tornarvi. Perché? Perché sono vampiri: non possono vivere tra di loro, devono vivere tra i cristiani e gli altri che non appartengono alla loro razza.

Se la Costituzione non li esclude dagli Stati Uniti, in meno di 100 anni si riverseranno in questo Paese in numero tale da governarci e distruggerci, cambiando la nostra forma di governo per la quale noi americani abbiamo versato il nostro sangue e sacrificato vite, proprietà e libertà personali.

Se non si escludono gli ebrei, entro 200 anni i nostri figli lavoreranno nei campi per sfamare gli ebrei, mentre loro resteranno nella Casa dei Conti a sfregarsi allegramente le mani.

Vi avverto, signori, se non escludete per sempre gli ebrei, i figli dei vostri figli vi malediranno nella tomba.

Le loro idee non sono quelle degli americani, anche se vivono tra noi da dieci generazioni. Il lupo perde il pelo ma non il vizio. Gli ebrei sono un pericolo per questa terra e se si permette loro di entrare metteranno in pericolo le nostre istituzioni - dovrebbero essere esclusi dalla Costituzione".

COPIA DELL'OPUSCOLO DISEGNATO DALL'AUTORE DOPO L'ACCORDO DI MONACO

Siete consapevoli che...

MR. CHAMBERLAIN è stato bruciato in effigie a Mosca non appena si è saputo che aveva assicurato la pace, mostrando chiaramente chi voleva la guerra e chi lavora ancora incessantemente per fomentare la guerra in tutto il mondo?

Pubblicato dalla MILITANT CHRISTIAN PATRIOTS, 93 Chancery Lane, W.C.1 (Holborn 2137), e stampato da W. Whitehead, 22 Lisle st. W.C.2

Il bavaglio ufficiale Ristampato da *Free Britain* giugno 1954

IL BAVAGLIO UFFICIALE

Lord Jowitt, sia per un tardivo desiderio di rendere giustizia al capitano Ramsay, sia per la cautela nel ripetere le sue falsificazioni del passato, ha ammesso nelle sue memorie del processo di guerra, pubblicate sul *London Evening Standard* del 13 maggio , che gli imputati nell'affare Tyler Kent hanno sempre agito in buona fede.

Lord Jowitt, per poter pubblicare queste memorie, è stato costretto a fare una precisazione che né il capitano Ramsay né Anna Wolkoff possono ancora fare a loro discolpa, poiché la natura dei documenti in questione è stata dichiarata un Segreto Ufficiale che non possono divulgare.

Altri, tuttavia, sono ora liberi di affermare ciò che sanno fin dall'inizio, e cioè che il capitano Ramsay non ha mai cercato di comunicare con la Germania, ma stava cercando di comunicare all'allora Primo Ministro Chamberlain alcune informazioni che Chamberlain si aspettava e che, a causa dell'arresto del capitano Ramsay, non gli sono mai arrivate.

Qualcosa di queste informazioni raggiunse in seguito Chamberlain per altre vie, tuttavia, nei Diari di Forestall fu rivelato che Chamberlain si era convinto, e in realtà lo disse a Forestall, che i potenti circoli ebraici di New York erano gli unici responsabili delle manovre per far entrare la Gran Bretagna in guerra, cosa che all'epoca non sospettava, nonostante fosse Primo Ministro e avrebbe dovuto essere informato di ciò che stava accadendo.

Il cuneo che si frappose tra Chamberlain e il capitano Ramsay fu il blocco e l'abuso dell'Official Secrets Act, seguiti dall'elaborata diffusione della completa falsificazione da parte del Ministero degli Interni secondo cui "il suddetto capitano Archibald Maule Ramsay, M. P... aveva espresso il desiderio di collaborare con il governo tedesco nella conquista e nel successivo governo della Gran Bretagna".

In seguito, Lord Marley aggiunse un'ulteriore falsa testimonianza affermando alla Camera dei Lord di essere a conoscenza del fatto che il Capitano Ramsay aveva accettato di diventare Gauliter di Scozia sotto l'occupazione tedesca della Gran Bretagna. Ignorò la sfida degli avvocati del Capitano Ramsay a ripetere l'accusa fuori dalla Camera.

Per quattordici anni Lord Jowitt deve aver saputo che il capitano Ramsay stava conducendo un'indagine per convincere il signor Chamberlain che esistevano prove documentali per i fatti che il capitano Ramsay gli aveva già rivelato, e che l'arresto del capitano Ramsay era stato fatto per impedire che tali prove documentali fossero presentate al Primo Ministro. Ma ci sono voluti tutti questi anni perché Lord Jowitt ammettesse che il capitano Ramsay è un uomo onesto, che "non avrebbe mai appoggiato un atto che riconosceva contrario agli interessi del suo Paese".

G.P.

LIBRO BIANCO TEDESCO SULL'ULTIMA FASE DELLA CRISI TEDESCO-POLACCA

Dal:

DOCUMENTI DEL LIBRO BIANCO TEDESCO

Sull'ultima fase della crisi tedesco-polacca BIBLIOTECA TEDESCA D'INFORMAZIONE NEW YORK

Nota sul Libro Bianco tedesco (pagg. 3-6)

Il Libro Bianco tedesco, qui presentato, è una raccolta di documenti e discorsi ufficiali, non una raccolta di conversazioni incontrollate. Non pretende di coprire l'intero campo delle relazioni tedesco-polacche ma, come dice il titolo, si occupa esclusivamente dell'ultima fase della crisi tedesco-polacca, dal 4 agosto al 3 settembre , 1939.

La controversia polacco-tedesca relativa al Corridoio, all'Alta Slesia e a Danzica è iniziata nel 1919 e, dalla firma del Trattato di Versailles, non ha mai smesso di agitare l'Europa. Per molti anni commentatori e statisti intelligenti di tutte le nazioni, compresa la Gran Bretagna, hanno concordato sul fatto che la separazione della Prussia orientale dal Reich e, di fatto, l'intero insediamento polacco, fosse ingiusto e pieno di pericoli.

La Germania tentò più volte di risolvere le divergenze tra i due Paesi in uno spirito amichevole. Solo quando tutti i negoziati si rivelarono vani e la Polonia si unì al fronte di accerchiamento contro la Germania, il cancelliere Hitler tagliò il nodo gordiano con la spada. Fu l'Inghilterra a costringerlo a prendere in mano la spada.

La Gran Bretagna afferma nel suo Libro Blu e altrove di essere stata costretta a "garantire" la Polonia contro l'"aggressione" per motivi di moralità internazionale.

Purtroppo il governo britannico ammise successivamente (sottosegretario di Stato Butler, Camera dei Comuni, 19 ottobre 1939) che la "garanzia" era rivolta esclusivamente contro la Germania.

Non era valida in caso di conflitti con altre potenze. In altre parole, la "garanzia" britannica era solo un anello della catena di accerchiamento britannica. La crisi polacca fu deliberatamente fabbricata dalla Gran Bretagna con la connivenza della Polonia: era la miccia progettata per innescare l'esplosione!

La Gran Bretagna cerca naturalmente di nascondere questo fatto. Le dichiarazioni ufficiali britanniche sullo scoppio della guerra pongono grande enfasi sull'affermazione che l'Inghilterra non diede una "garanzia" formale alla Polonia fino al 31 marzo 1939, mentre la richiesta tedesca alla Polonia, che la Polonia respinse, fu fatta il 21 marzo . L'Inghilterra sostiene che la "garanzia" britannica fu solo la conseguenza della richiesta tedesca del 21 marzo .

La Gran Bretagna nega che la sua "garanzia" abbia irrigidito la resistenza polacca. Insiste sul fatto che la Germania ha approfittato di un momento di forte tensione internazionale per imporre alla Polonia la sua richiesta di una strada extraterritoriale attraverso il Corridoio tra il Reich e la Prussia orientale.

I britannici ignorano un fatto vitale a questo proposito. L'esistenza della "garanzia", non il suo annuncio formale, è stato il fattore decisivo. Il futuro potrebbe rivelare quando la promessa britannica fu fatta per la prima volta alla Polonia. In ogni caso, alla Polonia fu assicurato l'aiuto britannico *prima del* 21 marzo .

Il discorso di Chamberlain del 17 marzo 1939 e la

dichiarazione di Lord Halifax del 20 marzo (entrambi ristampati nel Blue Book britannico) non lasciano dubbi su tale questione. La "garanzia" britannica aveva la natura di un assegno in bianco. La Polonia non sapeva, quando si avviò verso il suo destino, che l'assegno non sarebbe stato onorato.

Le affermazioni secondo cui i polacchi sarebbero stati sorpresi o sopraffatti dalle proposte tedesche non reggono. La Polonia era pienamente informata delle richieste tedesche. Quando, come sottolinea Herr von Ribbentrop nel suo discorso di Danzica (24 ottobre 1939), il Cancelliere Hitler nel 1934 concluse un Patto di Amicizia e Non-Aggressione con il Maresciallo Pilsudski, si comprese chiaramente che il problema di Danzica e del Corridoio doveva essere risolto prima o poi. Il Cancelliere Hitler sperava che sarebbe stato risolto nell'ambito di tale strumento.

Dopo la morte del maresciallo Pilsudski, la Polonia ha ignorato con grande leggerezza gli obblighi assunti nell'ambito del Patto tedesco-polacco. La persecuzione delle minoranze tedesche in Polonia, le misure adottate dalla Polonia per strangolare economicamente Danzica, il modo insolente che il governo polacco scelse di adottare con l'assegno in bianco britannico in tasca e la mobilitazione polacca frustrarono il desiderio del Cancelliere Hitler di risolvere le differenze polacco-tedesche attraverso negoziati pacifici, come aveva risolto ogni altro problema derivante dalla bancarotta degli statisti a Versailles.

Nessuno può affermare che il governo nazionalsocialista non abbia tentato con straordinaria pazienza di far capire alla Polonia l'opportunità di una soluzione rapida e pacifica. Il governo polacco conosceva la soluzione specifica proposta dal Cancelliere Hitler fin dal 24 ottobre 1938. La natura delle proposte tedesche fu discussa almeno quattro volte tra i due governi prima del 21 marzo 1939. Il 24 ottobre 1938, il ministro degli Esteri tedesco von Ribbentrop propose all'ambasciatore polacco Lipski quattro passi per correggere l'ingiustizia di Versailles ed eliminare tutte le fonti di attrito tra i due Paesi.

1). La restituzione della Città Libera di Danzica al Reich, senza la separazione dei suoi legami economici con lo Stato polacco. (L'accordo garantiva alla Polonia privilegi portuali gratuiti e accesso extraterritoriale al porto).

2.) Una via di comunicazione extraterritoriale [sic] attraverso il Corridoio, su rotaia e a motore, per riunire la Germania e la Prussia orientale.

3.) Riconoscimento reciproco da parte dei due Stati delle loro frontiere come definitive e, se necessario, garanzia reciproca dei loro territori.

4.) L'estensione del Patto tedesco-polacco del 1934 da dieci a venticinque anni.

Il 5 gennaio 1939, il ministro degli Esteri polacco, Josef Beck, conferì con il cancelliere tedesco sui problemi in questione. In quell'occasione il Cancelliere Hitler offrì a Beck una garanzia chiara e definitiva per il Corridoio, sulla base dei quattro punti delineati da von Ribbentrop. Il giorno successivo, il 6 gennaio , a Monaco, il Ministro degli Esteri tedesco confermò ancora una volta la disponibilità della Germania a garantire non solo il Corridoio, ma tutto il territorio polacco.

La generosa offerta di un accordo su questa linea, che liquidasse ogni attrito tra i due Paesi, fu ribadita quando il ministro degli Esteri von Ribbentrop si recò in visita di Stato a Varsavia (dal 23 al 17 , 1939). In quell'occasione von Ribbentrop offrì di nuovo una garanzia dei confini polacco-tedeschi e una soluzione definitiva e onnicomprensiva delle relazioni tedesco-polacche.

In queste circostanze è assurdo sostenere che la Polonia sia stata "sorpresa" dalla proposta tedesca del 21 marzo e dai successivi sviluppi. È possibile che la Polonia abbia nascosto a Parigi e a Londra le offerte amichevoli e concilianti della Germania. Con o senza le sollecitazioni britanniche, la Polonia preparò il palcoscenico per una scena melodrammatica, in cui il cattivo tedesco minacciava brutalmente la sua sovranità e la sua indipendenza.

Nonostante l'intransigenza polacca, culminata in minacce di guerra, il Cancelliere Hitler fece un altro disperato tentativo di evitare il conflitto. Convocò un plenipotenziario polacco per discutere la soluzione presentata nel Documento 15 del Libro Bianco tedesco. Questa soluzione prevedeva la restituzione di Danzica al Reich, la protezione delle minoranze polacche e tedesche, un plebiscito nel Corridoio sotto l'egida della neutralità, salvaguardando, indipendentemente dal risultato, il libero accesso esterritoriale della Polonia al mare.

I britannici sono soliti descrivere questo ragionevole documento come un "ultimatum". Si tratta di una completa distorsione dei fatti. Il governo tedesco, è vero, aveva fissato un termine (30 agosto) per l'accettazione della sua proposta, ma ha aspettato ventiquattro ore dopo la sua scadenza prima di concludere che le possibilità di negoziati diplomatici erano esaurite. L'Inghilterra e la Polonia avevano tutte le possibilità di agire entro quelle ventiquattro ore.

Gli inglesi sostengono che le richieste della Germania non erano note né a Varsavia né a Londra. Questa pretesa è demolita dallo stesso Libro Blu britannico, poiché vi si trova un dispaccio di Sir Neville Henderson, ambasciatore britannico a Berlino, che non lascia dubbi sul fatto che egli abbia trasmesso la proposta tedesca a Londra dopo la sua conferenza di mezzanotte con von Ribbentrop il 30 agosto, e che abbia compreso i punti essenziali della proposta tedesca. Henderson trasmise al governo britannico anche l'assicurazione del Cancelliere Hitler che il negoziatore polacco sarebbe stato ricevuto, come ovvio, in termini di completa parità, con la cortesia e la considerazione dovute all'emissario di uno Stato sovrano.

Henderson inviò il suo messaggio notturno non solo a Downing Street, ma anche all'ambasciata britannica a Varsavia. Ci sono prove, recentemente venute in possesso del Ministero degli Esteri tedesco, che, nonostante tutte le sue proteste di ignoranza e impotenza, il Gabinetto britannico comunicò la sostanza della conversazione di mezzanotte di Henderson con il Ministro degli Esteri tedesco direttamente al governo polacco. Il London Daily Telegraph, nella tarda edizione del 31 agosto , ha pubblicato la seguente dichiarazione:

> "Nella riunione di gabinetto di ieri, in cui sono stati approvati i termini della nota britannica, è stato deciso di inviare un massaggio a Varsavia, indicando l'entità delle ultime richieste di Berlino per l'annessione del territorio".

Questo articolo è apparso solo in alcuni numeri. È stato soppresso nelle edizioni successive.

Le richieste della Germania erano così ragionevoli che nessun governo polacco sano di mente avrebbe osato rifiutarle. Sarebbero state certamente accettate se l'Inghilterra avesse consigliato la moderazione. C'era un'altra possibilità di preservare la pace il 2 settembre . Fu offerta da un messaggio del premier Mussolini (Documento 20). Il suggerimento italiano era accettabile per la Germania e la Francia (Documento 21), ma fu respinto dalla Gran Bretagna (Documento 22).

L'ULTIMA FASE DELLA CRISI TEDESCO-POLACCA

(pp.7-12)

In allegato sono stampati i documenti scambiati negli ultimi giorni prima dell'inizio dell'azione difensiva tedesca contro la Polonia e dell'intervento delle Potenze occidentali, o che comunque si riferiscono a questi eventi. Questi documenti, se riassunti brevemente, danno il seguente quadro generale:

1). All'inizio di agosto il Governo del Reich fu informato di uno scambio di note tra il rappresentante della Polonia a Danzica e il Senato della Città Libera (Danzica), secondo il quale il Governo polacco, sotto forma di ultimatum a breve termine e sotto la minaccia di misure di ritorsione, aveva chiesto il ritiro di un presunto ordine del Senato - ordine che, in realtà, non era mai stato emesso - riguardante le attività degli ispettori doganali polacchi (Documenti da 1 a 3).

Ciò ha indotto il governo del Reich a informare il governo polacco, il 9 agosto, che la reiterazione di tali richieste sotto forma di ultimatum avrebbe portato a un aggravamento delle relazioni tra Germania e Polonia, delle cui conseguenze sarebbe stato responsabile solo il governo polacco.

Allo stesso tempo, è stata richiamata l'attenzione del governo polacco sul fatto che il mantenimento delle misure economiche adottate dalla Polonia contro Danzica avrebbe costretto la Città Libera a cercare altre possibilità di esportazione e importazione (Documento 4).

Il governo polacco rispose a questa comunicazione del governo del Reich con un promemoria del 10 agosto, consegnato all'ambasciata tedesca a Varsavia, che culminava nella dichiarazione che la Polonia avrebbe interpretato ogni intervento del governo del Reich nelle questioni di Danzica, che avrebbe potuto mettere in pericolo i diritti e gli interessi polacchi in quella città, come un'azione aggressiva (Documento 5).

2). Il 22 agosto , il Primo Ministro britannico Neville Chamberlain, sotto l'impressione dell'imminente conclusione di un patto di non aggressione tra Germania e URSS, inviò una lettera personale al Fuhrer. In essa esprimeva, da un lato, la ferma determinazione del governo britannico ad adempiere agli obblighi assunti nei confronti della Polonia e, dall'altro, l'opinione che fosse più opportuno, in primo luogo, ripristinare un'atmosfera di fiducia e, successivamente, risolvere i problemi tedesco-polacchi attraverso negoziati che terminassero con una soluzione garantita a livello internazionale (Documento 6).

Il Fuhrer, nella sua risposta del 23 agosto , ha esposto *le vere* cause della crisi tedesco-polacca.

Egli si riferì in particolare alla generosa proposta fatta da lui nel marzo di quest'anno e affermò che le false notizie diffuse dall'Inghilterra in quel periodo riguardo a una mobilitazione tedesca contro la Polonia, le affermazioni altrettanto errate sulle intenzioni aggressive della Germania nei confronti dell'Ungheria e della Romania e, infine, la garanzia data dall'Inghilterra e dalla Francia al governo polacco avevano incoraggiato quest'ultimo non solo a rifiutare l'offerta tedesca, ma anche a scatenare un'ondata di terrore contro i tedeschi domiciliati in Polonia e a strangolare economicamente Danzica. Allo stesso tempo, il Fuhrer dichiarò che la Germania non si sarebbe lasciata trattenere dal proteggere i suoi diritti vitali da nessun metodo di intimidazione (Documento 7).

3). Sebbene la summenzionata lettera del Primo Ministro britannico del 22 agosto , così come i discorsi pronunciati il giorno successivo dagli statisti britannici, mostrassero una totale mancanza di comprensione per il punto di vista tedesco, il Fuhrer decise comunque di fare un nuovo tentativo per arrivare a un'intesa con l'Inghilterra.

Il 25 agosto ricevette l'ambasciatore britannico, gli illustrò ancora una volta con assoluta franchezza la sua concezione della situazione e gli comunicò i principi fondamentali di un accordo globale e lungimirante tra Germania e Inghilterra che avrebbe offerto al governo britannico una volta risolto il problema di Danzica e del Corridoio polacco (Documento 8).

4). Mentre il governo britannico discuteva la precedente dichiarazione del Fuhrer, ebbe luogo uno scambio di lettere tra il Presidente francese Daladier e il Fuhrer. Nella sua risposta il Fuhrer espose nuovamente le ragioni della posizione della Germania sulla questione tedesco-polacca e ribadì ancora una volta la sua ferma decisione di considerare l'attuale frontiera franco-tedesca come definitiva (Documenti 9 e 10).

5). Nella risposta al passo compiuto dal Fuhrer il 25 agosto , consegnata la sera del 28 agosto , il governo britannico si dichiarò pronto a prendere in considerazione la proposta di revisione delle relazioni anglo-tedesche. Dichiarò inoltre di aver ricevuto una precisa assicurazione dal governo polacco di essere pronto ad avviare discussioni dirette con il governo del Reich sulle questioni tedesco-polacche.

Allo stesso tempo hanno ribadito che, a loro avviso, un accordo tedesco-polacco deve essere salvaguardato da garanzie internazionali (Documento 11).

Nonostante le gravi perplessità derivanti dall'atteggiamento precedente della Polonia e nonostante i giustificati dubbi sulla sincera volontà del governo polacco di trovare una soluzione diretta, il Fuhrer, nella risposta consegnata all'ambasciatore britannico nel pomeriggio del 29 agosto , accettò la proposta britannica e dichiarò che il governo del Reich attendeva l'arrivo di un rappresentante polacco dotato di poteri plenipotenziari il 30 agosto . Allo stesso tempo il Fuhrer annunciò che il governo del Reich avrebbe immediatamente elaborato delle proposte per una soluzione accettabile per loro e che, se possibile, le avrebbe preparate per il governo britannico prima dell'arrivo del negoziatore polacco (Documento 12).

6). Nel corso del 30 agosto , non giunsero a Berlino né un negoziatore polacco con poteri plenipotenziari né alcuna comunicazione del governo britannico sulle iniziative intraprese da quest'ultimo. Al contrario, fu in quel giorno che il governo del Reich fu informato dell'ordine di una mobilitazione generale polacca (documento 13).

Solo a mezzanotte l'ambasciatore britannico consegnò un nuovo memorandum che, tuttavia, non rivelava alcun progresso pratico nel trattamento delle questioni polacco-tedesche e si limitava a dichiarare che la risposta del Fuhrer del giorno precedente doveva essere comunicata al governo polacco e che il governo britannico riteneva impraticabile stabilire un contatto tedesco-polacco già il 30 agosto (Documento 14).

7). Sebbene la mancata comparsa del negoziatore polacco avesse fatto venir meno le condizioni in base alle quali il governo britannico doveva essere informato della concezione del governo del Reich sulle basi su cui i negoziati sarebbero stati possibili, le proposte formulate dal Reich furono comunque comunicate e spiegate in dettaglio all'ambasciatore britannico quando questi consegnò il memorandum sopra citato.

Il governo del Reich si aspettava che in ogni caso, successivamente, sarebbe stato nominato un plenipotenziario polacco. Invece, l'ambasciatore polacco a Berlino fece una dichiarazione verbale al Ministro degli Affari Esteri del Reich nel pomeriggio del 31 agosto , secondo cui il governo polacco era stato informato nella notte precedente dal governo britannico della possibilità di negoziati diretti tra il governo del

Reich e il governo polacco e che il governo polacco stava valutando favorevolmente la proposta britannica.

Alla domanda esplicita del Ministro degli Esteri del Reich se avesse l'autorità di negoziare sulle proposte tedesche, l'Ambasciatore ha dichiarato di non essere autorizzato a farlo, ma di essere stato semplicemente incaricato di fare la dichiarazione verbale di cui sopra. A un'ulteriore domanda del Ministro degli Esteri del Reich, che gli chiedeva se potesse avviare una discussione obiettiva sulla questione, l'Ambasciatore ha negato espressamente di poterlo fare.

8). Il Governo del Reich si trovò così a dover affrontare il fatto di aver trascorso due giorni in vana attesa di un plenipotenziario polacco. La sera del 31 agosto, pubblicarono le proposte tedesche con un breve resoconto degli eventi che le avevano precedute (Documento 15).

Queste proposte sono state definite inaccettabili dalla trasmissione polacca (Documento 16).

9). Ora che ogni possibilità di risolvere pacificamente la crisi polacco-tedesca era esaurita, il Führer si vide costretto a resistere con la forza a quella che i polacchi avevano da tempo impiegato contro Danzica, contro i tedeschi in Polonia e infine, con innumerevoli violazioni della frontiera, contro la Germania.

10). La sera del 1° settembre, gli ambasciatori di Gran Bretagna e Francia consegnarono al Ministro degli Affari Esteri del Reich due note, formulate negli stessi termini, in cui chiedevano che la Germania ritirasse le sue truppe dal territorio polacco e dichiaravano che, se questa richiesta non fosse stata accolta, i rispettivi governi avrebbero adempiuto ai loro obblighi nei confronti della Polonia senza ulteriori ritardi (documenti 18 e 19).

11). Per allontanare la minaccia della guerra, che si era

pericolosamente avvicinata in seguito a queste due note, il Duce avanzò la proposta di un armistizio e di una successiva conferenza per la soluzione del conflitto tedesco-polacco (Documento 20).

I tedeschi e il governo francese risposero affermativamente a questa proposta, mentre il governo britannico si rifiutò di accettarla (documenti 21 e 11).

Che ciò fosse vero era già emerso dai discorsi pronunciati dal Primo Ministro britannico e dal Segretario di Stato britannico per gli Affari Esteri nel pomeriggio del 2 settembre presso la Camera dei Deputati britannica, e una comunicazione in tal senso fu fatta al Ministro degli Affari Esteri del Reich dall'Ambasciatore italiano la sera del 2. Anche secondo il governo italiano, quindi, l'iniziativa del Duce era stata fatta naufragare dall'Inghilterra.

12). Il 3 settembre, alle ore 9, l'ambasciatore britannico si presentò al Ministero degli Esteri tedesco e consegnò una nota in cui il governo britannico, fissando un limite di tempo di due ore, ribadiva la richiesta di ritiro delle truppe tedesche e, in caso di rifiuto, si dichiarava in guerra con la Germania allo scadere del termine (Documento 23).

Il Segretario di Stato britannico per gli Affari Esteri il 3 settembre 1939, alle ore 11:15, consegnò una nota all'Incaricato d'Affari tedesco a Londra in cui lo informava dell'esistenza di uno stato di guerra tra i due Paesi a partire dalle ore 11:00 del 3 (Documento 24).

Lo stesso giorno, alle 11.30, il Ministro degli Esteri del Reich consegnò all'Ambasciatore britannico a Berlino un memorandum del Governo del Reich in cui il Reich respingeva le richieste espresse dal Governo britannico sotto forma di ultimatum e in cui si dimostrava che la responsabilità dello scoppio della guerra era esclusivamente del Governo britannico (Documento 25).

Nel pomeriggio del 3 settembre , l'ambasciatore francese a Berlino si recò dal Ministro degli Esteri del Reich e chiese se il governo del Reich fosse in grado di dare una risposta soddisfacente alla domanda rivoltagli dal governo francese con la nota del 1° settembre . Il Ministro degli Esteri del Reich disse all'Ambasciatore che, dopo che gli erano state consegnate le note inglese e francese di settembre, il Capo del Governo italiano aveva fatto una nuova proposta di intermediazione, alla quale il Duce aveva aggiunto che il Governo francese era d'accordo.

Il giorno precedente il governo del Reich aveva informato il Duce di essere pronto ad accettare la proposta.

Il Duce, tuttavia, li aveva informati più tardi che la sua proposta era naufragata a causa dell'atteggiamento intransigente del governo britannico.

Il governo britannico, alcune ore prima, aveva presentato alla Germania un ultimatum che era stato respinto da parte tedesca con un memorandum che lui, il ministro degli Esteri del Reich, avrebbe consegnato all'ambasciatore francese per conoscenza.

Se l'atteggiamento della Francia nei confronti della Germania dovesse essere determinato dalle stesse considerazioni del governo britannico, il Ministro degli Esteri del Reich non potrebbe che rammaricarsene. La Germania aveva sempre cercato l'intesa con la Francia.

Se il governo francese, nonostante questo fatto, adottasse un atteggiamento ostile nei confronti della Germania a causa dei suoi obblighi nei confronti della Polonia, il popolo tedesco considererebbe questo fatto come una guerra aggressiva totalmente ingiustificabile da parte della Francia contro il Reich.

L'Ambasciatore francese rispose che dalle osservazioni del Ministro degli Esteri del Reich aveva capito che il Governo del

Reich non era in grado di dare una risposta soddisfacente alla nota francese del 1° settembre. In queste circostanze egli aveva lo spiacevole compito di informare il Governo del Reich che il Governo francese era costretto ad adempiere agli obblighi assunti nei confronti della Polonia, a partire dalle ore 17 del 3 settembre .

L'ambasciatore francese ha consegnato contemporaneamente una comunicazione scritta corrispondente (CF, documento 26).

Il Ministro degli Esteri del Reich dichiarò quindi che il governo francese si sarebbe assunto la piena responsabilità delle sofferenze che le nazioni avrebbero dovuto sopportare se la Francia avesse attaccato la Germania.

GIÀ PUBBLICATO

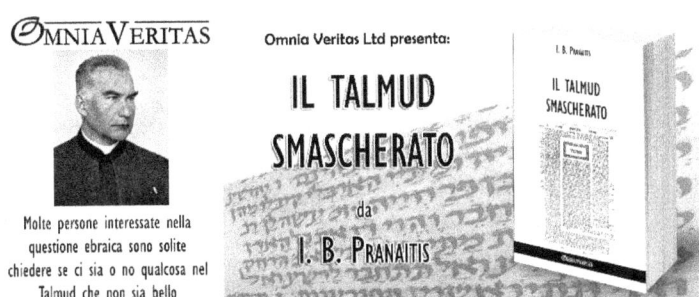

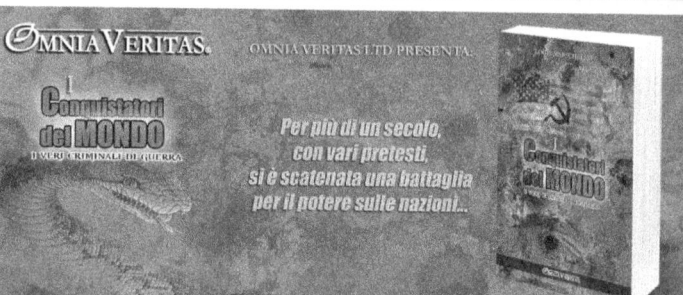

LA GUERRA SENZA NOME - IL POTERE EBRAICO CONTRO LE NAZIONI

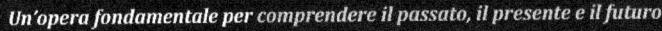

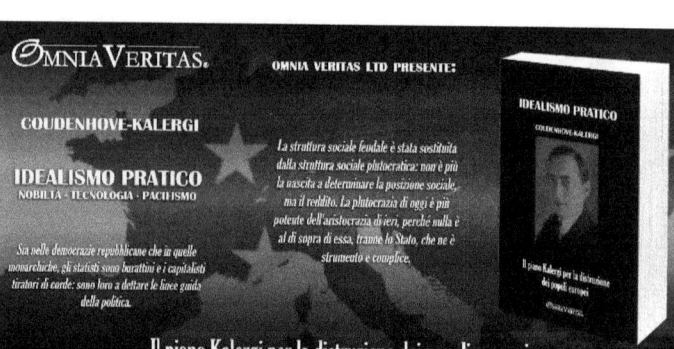

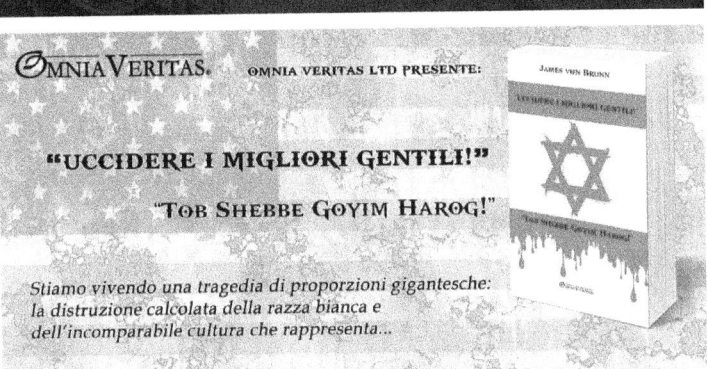

www.ingramcontent.com/pod-product-compliance
Lightning Source LLC
Chambersburg PA
CBHW051059160426
43193CB00010B/1249